PRÉCIS

DES

GUERRES DE FRÉDÉRIC II[1].

CHAPITRE PREMIER.

CAMPAGNE DE 1756.

I. Invasion de la Saxe; blocus du camp de Pirna (24 septembre). — II. Bataille de Lobositz (1er octobre); capitulation des Saxons (14 octobre); quartiers d'hiver. — III. Observations.

I. L'Autriche, la France et la Russie étaient indisposées contre la Prusse : l'Autriche regrettait la Silésie; la France conservait un ressentiment de la paix de Dresde, qui avait causé les désastres du maréchal de Belle-Isle, abandonné dans Prague; la czarine s'essayait à intervenir dans les affaires de l'Europe; elle était séduite par Marie-Thérèse. Il est temps, disait-on à Vienne, à Paris, à Saint-Pétersbourg, de mettre un frein à l'ambition des puissances du second ordre. A la vue de cet orage, Frédéric s'appuya à l'Angleterre, conclut avec elle un traité d'alliance et s'assura de riches subsides. Cela fait, il ne perdit plus de temps, et, dès l'été de 1756, voyant que ses ennemis dissimulaient encore, parce qu'ils n'étaient pas prêts à entrer en campagne, il commença les hostilités sans déclaration préalable, et envahit la Saxe en pleine paix.

Son état militaire était considérablement augmenté : il avait eu dix ans pour mettre à profit l'expérience qu'il avait acquise dans les quatre campagnes de la guerre de la Pragmatique Sanction, et les ressources que lui avaient apportées les riches provinces de Silésie. Il ne comptait

[1] Ce précis est reproduit d'après les *Mémoires pour servir à l'histoire de France sous le règne de Napoléon Ier*, édition de 1830. Nous n'en avons pas le manuscrit original.

pas moins de 120,000 hommes sous les armes, bien organisés, bien disciplinés, très-mobiles, indépendamment des garnisons, des dépôts et de tous les moyens accessoires pour entretenir une armée aussi considérable en activité et réparer ses pertes. L'Autriche avait un état militaire de moins de 40,000 hommes, mal entretenus, mal organisés; ses vieilles troupes avaient été détruites dans la guerre contre les Turcs : Frédéric pouvait impunément tout entreprendre dans cette campagne.

Il réunit deux armées, l'une en Saxe, forte de soixante et dix bataillons et quatre-vingts escadrons, formant 64,000 hommes, artillerie et sapeurs compris; l'autre en Silésie, forte de trente-trois bataillons et cinquante-cinq escadrons, environ 30,000 hommes; et il employa 20,000 hommes en divers corps d'observation sur la Vistule, en Poméranie et sur le bas Elbe. L'armée de Silésie se réunit à Nachod, sous les ordres du maréchal Schwerin; les trois corps de l'armée de Saxe se réunirent à Francfort-sur-l'Oder, à Magdeburg et à Wittenberg; ils se mirent en marche le 30 août, celui de Magdeburg par Leipzig, Chemnitz et Dippoldiswalda; celui de Wittenberg par Torgau et Meissen; celui de Francfort par Elsterwerda, Bautzen et Stolpen. L'alarme fut grande à Dresde; l'électeur se réfugia dans la forteresse de Kœnigstein; l'électrice et la cour restèrent au palais. L'armée saxonne, forte de 18,000 hommes, prit le camp de Pirna pour y attendre les résolutions de la cour de Vienne. L'acquisition de Dresde fut une conquête importante pour le roi de Prusse; il y trouva tous les magasins de guerre et l'arsenal de l'électeur. La place était forte; elle lui donna un point d'appui qui lui était nécessaire, et compléta la frontière de l'Elbe, qui tout entière depuis Magdeburg fut dès lors en son pouvoir. Toutes les négociations pour ramener l'électeur et décider la soumission de son armée ayant échoué, le roi marcha en avant et cerna le camp de Pirna avec quarante-deux bataillons et dix escadrons; il forma une armée d'observation de vingt-huit bataillons et soixante et dix escadrons, en prit le commandement, et porta son quartier général à Aussig, en Bohême. Le maréchal Schwerin s'avança à une marche avec l'armée de Silésie pour observer le débouché de Kœniginggrætz.

II. La cour de Vienne, au premier bruit du rassemblement de l'armée prussienne, avait réuni toutes ses troupes et les avait formées en deux corps : l'un, sous les ordres du prince Piccolomini, campa près de Kœnigingrætz, pour s'opposer aux mouvements de Schwerin ; l'autre, sous les ordres du maréchal Browne, se réunit d'abord à Kolin, passa plus tard la Moldau, et campa à Budin sur l'Eger, pour dégager les Saxons du camp de Pirna.

Le 30 septembre le roi quitta son camp d'Aussig et marcha à la rencontre de Browne ; il arriva avec son avant-garde, forte de huit bataillons et quinze escadrons, le 30 au soir, au village de Lobositz, où il rencontra l'armée autrichienne, qui avait passé l'Eger et campait derrière des marais à la vue de Lobositz. Il prit position avec son avant-garde au village de Türmitz, et se fit joindre, dans la nuit, par le reste de son armée, forte de 25,000 hommes. À la pointe du jour Browne fit déboucher dans la plaine un gros corps de cavalerie. L'armée du roi prit les armes : la gauche, sous les ordres du duc de Bevern, occupa la hauteur de Lobosch, et la droite, sous le prince Henri, les hauteurs de Homolka ; sa ligne de bataille était de 1,800 à 2,000 toises. Le front du maréchal Browne était couvert par un ruisseau marécageux ; sa droite s'appuyait à l'Elbe, sa gauche à Tschirschkowitz ; sa ligne de bataille était de 2,500 toises. Il sentit la faute qu'il avait faite de ne pas occuper les hauteurs de Lobosch ; il les fit attaquer par une division de onze bataillons ; elle fut repoussée. Les Prussiens s'emparèrent de Lobositz ; les Autrichiens reprirent leur position du matin : ils y étaient inattaquables de front ; mais, manœuvrés par leur gauche, ils l'évacuèrent, repassèrent l'Eger et reprirent leur camp de Budin, ayant perdu 2,500 à 3,000 hommes, et les Prussiens 3,000 à 3,500. Les deux armées s'attribuèrent la victoire : le maréchal Browne parce qu'il n'avait point été forcé dans son camp ; le roi, à plus juste titre, parce qu'il avait enlevé le village de Lobositz et obligé son ennemi de renoncer au projet de secourir les Saxons par la rive gauche de l'Elbe. Mais, le 11 octobre, Browne fit, par la rive droite, un détachement de 8,000 hommes vis-à-vis Kœnigstein, à la vue de l'armée prussienne, pour favoriser le déblocus du camp de Pirna. Les Saxons passèrent l'Elbe : mais, enveloppés de toutes parts par les Prussiens, ils capitulèrent le 14. L'électeur eut la faculté de se retirer dans son royaume de Pologne : les Saxons furent incorporés dans l'armée prussienne, qui évacua la Bohême et prit ses quartiers d'hiver en Saxe et en Silésie.

III. *Première observation.* — Des écrivains militaires ont avancé que le roi de Prusse devait pénétrer par la Moravie sur Vienne et terminer la guerre par la prise de cette capitale. Ils ont tort : il eût été arrêté par les places d'Olmütz et de Brünn ; arrivé au Danube, il y eût trouvé toutes les forces de la monarchie réunies pour lui en disputer le passage, dans le temps que l'insurrection hongroise se fût portée sur ses flancs. Une opération aussi téméraire eût évidemment exposé son armée à une ruine certaine. Envahir la Saxe, s'emparer de Dresde, désarmer l'armée saxonne, entrer en Bohême, occuper Prague, y hiverner, c'était tout ce qu'il pouvait et devait projeter. Mais il opéra mal : il méconnut plusieurs des principes de la guerre, que l'on viole rarement impunément ; ce qui fut cause qu'il échoua malgré le gain d'une bataille.

Le camp de Pirna a 25,000 toises de circuit ; les 18,000 Saxons étaient réduits à 14,000 hommes de toutes armes, à leur arrivée au camp ; le roi, ayant des forces quadruples et autant de grosse artillerie qu'il pouvait en désirer, puisque l'arsenal de Dresde était à sa disposition, devait, en quatre jours, forcer ce camp, faire mettre bas les armes aux Saxons, après quoi entrer en Bohême, laissant seulement une garnison de six bataillons et six escadrons dans Dresde. Le camp de Pirna est défendu à l'est par l'Elbe, rivière non guéable, ayant 60 à 80 toises de large ; à l'ouest, par un marais profond et escarpé, ayant 30 à 40 toises de large ; et enfin, à la tête, par la forteresse de Kœnigstein, des bois et des ravins qui communiquent à la frontière de Bohême. Il forme un grand triangle, dont deux côtés ont 10 à 11,000 toises, et le petit côté 3 à 4,000. Les 14,000 Saxons étaient trop faibles pour garnir cette étendue. Si le roi eût fait faire neuf attaques, trois sur chaque côté, dont une seule véritable dans une des positions où le ravin est saillant, en y plaçant deux batteries de cinquante bouches à feu chacune, il eût réussi à se rendre maître du ravin. Il lui fallait un quart d'heure pour y pratiquer une rampe, par laquelle il eût fait déboucher les deux tiers de son armée, infanterie, cavalerie et artillerie. Les Saxons, rejetés sous les murs de Kœnigstein, eussent capitulé. Sans doute qu'une armée de 40,000 hommes, contre une armée de 60 à 80,000, peut se défendre avec avantage dans le camp de Pirna; mais 14,000 hommes ne le pouvaient pas contre une armée de 60,000, munie d'autant d'artillerie qu'elle le voulait. Un corps aussi faible n'aurait pu s'y défendre qu'autant que le ravin et l'Elbe, qui couvrent le camp, eussent eu 2 à 300 toises de largeur, distance qui permettrait aux batteries du camp de prendre des positions éloignées de 200 toises du rivage, sans qu'elles eussent rien à craindre de la supériorité des batteries prussiennes établies sur la rive opposée, et cependant toutes-puissantes contre ce qui approcherait de leur rive.

Deuxième observation. — Le roi est entré en Bohême avec deux corps d'armée séparés, agissant fort loin l'un de l'autre. L'armée de Schwerin opérait à l'extrémité de la Silésie dans le temps que le roi pénétrait par la rive gauche de l'Elbe. Cette manière d'envahir un pays avec une double ligne d'opération est fautive. Schwerin était beaucoup plus fort que Piccolomini, soit par le nombre, soit par la consistance des troupes. S'il eût été au roi sur le champ de bataille de Lobositz, le renfort que Piccolomini eût, de son côté, amené au maréchal Browne aurait été bien loin de compenser le degré de force qu'eût acquis l'armée prussienne. Le roi pouvait donc entrer dans Prague en septembre, avec 90,000 hommes, se rendre maître de cette place importante, établir ses quartiers d'hiver en Bohême, rejetant les débris de Browne et de Piccolomini au delà du Danube, ou du moins au delà des montagnes de ce royaume. L'effet de ces deux fautes fut qu'il eut, sur le champ de bataille de Lobositz, des forces moindres que celles de l'ennemi, quoique sur le champ d'opération il en eût de triples. C'est aussi ce qui l'obligea à prendre ses quartiers d'hiver en Saxe et en Silésie. Sans doute il obtint de cette campagne de grands avantages; mais il pouvait en obtenir de plus grands encore.

CHAPITRE II.

PREMIÈRE CAMPAGNE DE 1757.

I. Situation des armées. — II. Bataille de Prague (4 mai). — III. Blocus de Prague; bataille de Kolin (18 juin); évacuation de la Bohême. — IV. Observations.

I. La campagne de 1757, commencée le 15 avril, s'est terminée le 15 décembre; elle a duré deux cent quarante jours; elle se divise en deux époques: la première comprend les marches, manœuvres et combats du 15 avril au 15 juillet; la seconde, ceux du 15 juillet au 15 décembre. Dans la première époque le roi a livré deux grandes batailles: la bataille de Prague, qu'il a gagnée le 4 mai, et celle de Kolin, qu'il a perdue le 18 juin.

Dans l'année 1756, la France, la Suède, la Russie et l'empire ne mirent aucune armée en campagne; elles la passèrent tout entière en préparatifs et en démonstrations. Il en fut de même pendant la première époque de la campagne de 1757; le roi n'eut à tenir tête qu'aux armées autrichiennes. L'armée prussienne était mieux exercée, composée de vieilles troupes et plus nombreuse. Au commencement d'avril, elle était formée en quatre corps: le 1er, sous les ordres du prince Maurice[1], à Chemnitz; le 2e, sous le roi, aux portes de Dresde, au village de Loschwitz; le 3e, sous le prince de Bevern, à Zittau, en Lusace; le 4e, sous le maréchal Schwerin, en Silésie. L'armée autrichienne, sous les ordres du maréchal Browne, était en Bohême; le duc d'Arenberg, avec le 1er corps, formait la gauche sur Egra; le maréchal Browne, avec le 2e corps, était au camp de Budin, devant Prague; le 3e corps, sous les ordres du comte de Kœnigsegg, était à Reichenberg; le 4e corps, sous

[1] Maurice d'Anhalt-Dessau.

les ordres du général Daun, était en Moravie. Les quatre corps d'armée du roi de Prusse se montaient à 100,000 hommes sous les armes, dont 65 à 66,000 d'infanterie, 16 à 18,000 de cavalerie; le reste, artillerie, sapeurs, mineurs, etc. formant cent huit bataillons et cent soixante escadrons, sans compter vingt-six bataillons et quarante escadrons qui se réunissaient en Poméranie pour contenir la Russie. Les quatre armées autrichiennes étaient moins nombreuses, très-inférieures en qualité, et manquaient de beaucoup d'objets. Frédéric résolut de profiter des quatre mois d'avance qu'il avait sur les Russes pour frapper un coup d'éclat et se mettre en situation de faire front aux autres armées lorsqu'elles arriveraient en ligne. Il envahit la Bohême et assiégea Prague, exécutant, cette campagne, ce qu'il n'avait pu faire la campagne précédente.

II. Le corps du prince Maurice, qui formait la droite de la ligne prussienne, commença à manœuvrer en avril; il menaça Egra et se porta en deux colonnes, par Kommotau, sur l'Eger. De son côté, le roi de Prusse passa les montagnes à Peterswald et arriva sur l'Eger, à Lobositz, et, le 23 avril, opéra le passage du fleuve à Koschtitz, à la tête de ces deux corps d'armée réunis. Le maréchal Browne, qui avait été joint à son camp de Budin, derrière l'Eger, par le duc d'Arenberg, se retira au camp de Prague aussitôt que le roi eut passé l'Eger. L'armée prussienne le suivit, arriva devant Prague le 2 mai. Mais déjà le prince Charles de Lorraine, qui avait pris le commandement de l'armée impériale, s'était campé sur la hauteur de Ziska, sur la rive droite de la Moldau.

Le prince de Bevern passa les montagnes entre Zittau et Reichenberg, où il fut arrêté par l'excellente position qu'occupait le comte de Kœnigsegg, qui l'obligea de manœuvrer plusieurs jours pour l'en déposter; ce qu'il ne put obtenir qu'après un combat opiniâtre. Le comte de Kœnigsegg se retira sur Liebenau; il y prit une position également formidable. Pendant ce temps le maréchal Schwerin, parti de Silésie, n'ayant trouvé personne devant lui, déboucha en Bohême par Trautenau et se porta à Jung-Bunzlau, sur les derrières de la position du comte de Kœnigsegg: ce qui força celui-ci à l'abandonner, à repasser l'Elbe et à se diriger sur

Prague, où il joignit le prince de Lorraine. Schwerin, à la tête de son corps et de celui du duc de Bevern, suivit ce mouvement et campa le 4 mai sur la rive droite de l'Elbe, à Alt-Bunzlau, vis-à-vis Brandeis; et, comme l'ennemi n'occupait pas la rive opposée, il y jeta une avant-garde.

Le prince de Lorraine attendait, sous quelques jours, le général Daun, qui lui amenait de Moravie un renfort de 30,000 hommes, ce qui eût égalisé les deux armées. Frédéric sentit toute l'importance de prévenir cette jonction. Le 5 mai, à la pointe du jour, il jeta un pont à une lieue et demie au-dessous de Prague, au village de Podbaba, sans éprouver aucune résistance, quoique à 2,000 toises du camp autrichien, et s'établit avec vingt bataillons et trente-huit escadrons à Cimic, sur la rive droite de la Moldau. Le maréchal Schwerin passa l'Elbe et se porta à Mieschitz. Les deux armées prussiennes, dans cette nuit, n'étaient plus éloignées que de trois lieues. Le 6, à la pointe du jour, elles firent leur jonction au village de Prosek. L'armée du roi prit son ordre de bataille, la droite à Prosek, le centre en avant de Gbel et la gauche au delà de Satalic, occupant une série de collines de 4,500 toises d'étendue, et étant à cheval sur le chemin de Brandeis, qui était sa ligne d'opération. Le prince de Lorraine avait sa gauche sur la Ziska, près de la Moldau, et sa droite sur les hauteurs du village de Key, occupant une ligne de 4,500 toises. Le roi avait sur le champ de bataille soixante-quatre bataillons et cent vingt-trois escadrons, environ 60,000 hommes; le maréchal Keith était resté sur la rive gauche de la Moldau, devant Prague, avec vingt-six bataillons, vingt-six escadrons; neuf bataillons et onze escadrons étaient détachés sur la double ligne d'opération, pour couvrir les magasins. Le prince de Lorraine avait à peu près 70,000 hommes; mais 10,000 étaient restés dans Prague pour la défense de la ville et observer le maréchal Keith. Les deux armées se trouvaient ainsi égales en nombre sur le champ de bataille. L'armée autrichienne avait sa gauche près de la Moldau, l'armée prussienne y avait sa droite: les deux armées étaient éloignées l'une de l'autre de 3,000 toises, séparées par un vallon profond où coulait un ruisseau formé par la décharge de plusieurs étangs, et dont les bords sont encaissés et marécageux; ce ruisseau prend sa source au delà de l'étang de Sterbohol, à 6 ou 7,000 toises de Prague, tourne à cette distance, passe par les villages de Sterbohol, de Pocernic, de Hostawic, de Hrdlorez et de Hlaupetin, et se jette dans la Moldau, à peu près à 2,000 toises au-dessous de Prague, près de Liben.

Le roi jugea que ce ruisseau protégerait efficacement le front de l'armée ennemie; il ordonna de marcher par là gauche pour la déborder. Le prince de Lorraine s'en aperçut à temps : il fit faire à l'infanterie de sa droite un changement de front en arrière : par ce mouvement elle se trouva en équerre sur l'extrémité du centre, et, s'appuyant aux hauteurs de Sterbohol, elle forma un coude de 1,500 toises, qu'il prolongea de 2,000 autres en y portant la cavalerie de sa gauche, qui prit position dans les plaines de Sterbohol et s'étendit jusqu'au petit ruisseau qui passe à Hostiwartz. Sa ligne occupait ainsi les deux côtés d'un angle droit, dont l'un était perpendiculaire à Prague et l'autre parallèle, et longs chacun de 3,000 à 3,500 toises. Le roi arrêta sa marche aussitôt que l'extrémité de sa droite fut arrivée à la hauteur de Key, le centre vis-à-vis Pocernic et la gauche devant Sterbohol; il envoya la cavalerie de sa réserve pour renforcer celle de Schwerin, dans la plaine de Sterbohol. Ce mouvement découvrit sa ligne d'opération, le chemin de Brandeis par Gbel, et son armée se trouva à cheval sur la route de Kolin, par laquelle le général Daun arrivait ce même jour à Bœhmisch-Brod, à huit lieues du champ de bataille. L'infanterie autrichienne occupait, au delà du ruisseau qui couvrait son front, et à peu près à 1,000 toises de l'angle d'équerre, des positions qui commandaient le village de Gbel. Le roi fit attaquer ces postes détachés et les culbuta, dans le temps que le maréchal Schwerin, avec l'aile gauche, passa le ruisseau à Sterbohol et à Pocernic : la cavalerie dans les villages, l'artillerie sur les digues, l'infanterie dans les marais. Il y trouva de grandes difficultés; plusieurs régiments enfoncèrent jusqu'au genou; la droite autrichienne n'en profita pas; elle resta sur les collines à rectifier son alignement. A une heure après midi, Schwerin l'attaqua à la baïonnette, arriva jusqu'à sa position: mais, accablées par la mitraille, ses troupes lâchèrent pied et abandonnèrent la hauteur. Browne le poursuivit pendant 12 à 1,500 toises. La gauche et le centre de l'armée autrichienne continuèrent à rester immobiles. La cavalerie prussienne déboucha dans la plaine de Sterbohol, fit d'abord une charge malheureuse, mais se rallia, revint au combat, et mit en déroute la cavalerie autrichienne, qui abandonna le champ de bataille. La droite du prince de Lorraine se trouva ainsi entièrement découverte au moment où le roi entrait lui-même dans le village de Key et attaquait la gauche. Le prince de Bevern, qui marchait au centre, s'aperçut d'un vide à l'angle des deux lignes; il s'y jeta et engagea un combat des plus opiniâtres. Le maréchal Schwerin, ayant rallié son infanterie, la ramena au combat. Il fut frappé à mort à la tête de son régiment; mais ses troupes continuèrent l'attaque contre la droite autrichienne, qui, prise en flanc par le roi et débordée par la cavalerie, lâcha pied et se mit en déroute, ce qui décida de la journée. Le prince de Lorraine abandonna toutes ses positions; il soutint sa retraite par les troupes de son centre et de sa gauche qui n'avaient pas donné; mais, constamment débordé par sa droite, 12,000 hommes furent coupés de Prague, et ne parvinrent qu'avec peine à gagner le camp du maréchal Daun. La perte des Autrichiens fut de 16,000 hommes et deux cents pièces de canon; le maréchal Browne fut blessé mortellement. La perte des Prussiens fut de 12,000 hommes.

III. Cette bataille avait affaibli de 30,000 hommes l'armée du prince de Lorraine; cependant il lui restait encore 40,000 hommes; mais le moral du soldat était affecté. Le roi bloqua Prague sur les deux rives de la Moldau. Cette place a 7,000 toises de circuit; sa ligne de contrevallation eut un développement de 15,000 toises, ses quartiers étant séparés par une grande rivière. Il espéra vainement que le défaut de vivres obligerait promptement son ennemi à capituler. Le blocus dura six semaines, jusqu'au 18 juin, qu'il fut levé par le résultat de la bataille de Kolin.

Le maréchal Daun apprit, le 7 mai, les désastres du prince de Lorraine. Il resta plusieurs jours à Bœhmisch-Brod pour recueillir ses débris, et, après avoir rallié les 12,000 hommes qui n'avaient pu entrer dans Prague, il rétrograda de quatorze lieues et campa sous les murs de Kolin.

Le roi l'ayant fait suivre par un corps de 25,000 hommes, sous le commandement du prince de Bevern, il continua sa retraite jusqu'à Goltsch-Jenikau, à une lieue en avant de Habern et à vingt-quatre de Prague. Le 12 juin, ayant reçu quelques renforts, Daun se reporta à une lieue en avant de Kolin, au village de Krichnau, où il campa, la gauche à Swojsic et la droite à Chocenic, ayant devant lui la route de Prague à Kolin; le prince de Bevern se retira à son tour. Le roi accourut en toute hâte du camp de Prague avec un renfort; il porta son quartier général, le 14, à la petite ville de Kaurzim, à trois lieues de Krichnau. Il y campa, la gauche appuyée au chemin de Prague à Kolin, au village de Planian, tirant des vivres de Nimburg, petite ville sur la gauche de l'Elbe, éloignée de cinq lieues. Il séjourna le 15 et une partie du 16 pour donner le temps d'arriver à ses renforts et à ses caissons de vivres. Le 16, comme il allait se mettre en marche pour se porter à la position de Swojsic et contenir le maréchal Daun, qu'il croyait à Kohl-Janowic, il apprit que ce maréchal était à Krichnau; dès lors il ne pouvait plus faire ce mouvement qu'en passant sur son corps. Le 17 il marcha par sa gauche et campa à cheval sur la route de Prague, ayant devant lui Planian et, trois lieues plus avant, Kolin. Il se trouvait ainsi campé perpendiculairement sur la gauche de l'armée autrichienne. A la pointe du jour, le 18, il se mit en marche, la gauche en tête; l'avant-garde, commandée par le général Zieten, forte de cinquante-cinq escadrons et sept bataillons, tenait la tête. L'armée marcha sur trois lignes : la première, toute d'infanterie, suivit le chemin de Prague à Kolin; les deux autres, plus à gauche, marchèrent entre la chaussée et l'Elbe. Le général Daun avait fait des mouvements dans la nuit; les Prussiens ne virent au jour que quelques vedettes; mais, aussitôt qu'ils eurent dépassé Planian, ils aperçurent l'armée autrichienne en bataille; ils firent halte. L'avant-garde était arrivée à la hauteur de Zlatislunz, à 3,000 toises en avant de Planian; le corps de bataille était à Novimiesto et Planian. L'armée autrichienne était formée, la gauche à Brezan, le centre à Chocenic et la droite à Krechor; elle occupait ainsi une ligne courbe de 3,500 toises, la droite du côté de Kolin, la gauche du côté de Prague, enveloppant la route de Prague à Kolin, qui était la corde. Elle était sur plusieurs lignes : la deuxième ligne occupait la crête des hauteurs; la première était à demi-pente, ayant devant elle les trois villages retranchés, garnis d'infanterie et couverts d'artillerie. La gauche se trouvait à 500 toises du grand chemin de Planian à Kolin, sur lequel marchait l'armée prussienne; le centre, ou le village de Chocenic, en était à 1,000 toises; la droite, ou le village de Krechor, en était à 500 toises. Ainsi les deux armées étaient près l'une de l'autre et dans une formation bizarre. Le roi se trouvait déborder toute la gauche de l'ennemi, et la ligne ennemie formait une demi-circonférence dont le diamètre ou corde était une partie du chemin de Planian à Kolin qu'occupait Frédéric, qui, à une heure après midi, ordonna de continuer la marche. Le roi se mettait en marche sur la corde d'une demi-circonférence que couronnait, sur les hauteurs, l'armée autrichienne; ce qu'il ne pouvait faire qu'en défilant sous la mitraille et la fusillade. Le général Nadasdy, commandant la cavalerie autrichienne, se porta aussitôt à 2,000 toises de Kolin, à cheval sur la route, barrant ainsi aux Prussiens le chemin de Kolin et les obligeant à rester sous le feu de son armée. Daun ordonna à toutes ses troupes d'avancer jusqu'à l'extrémité de la position, et fit tomber sur les colonnes en marche une grêle de boulets, d'obus et de balles. Les tirailleurs des troupes postées dans les villages se portèrent en avant; la fusillade s'engagea entre les Croates et l'armée prussienne, qui cependant voulait toujours continuer son mouvement. L'avant-garde, ayant de l'avance, parvint à franchir les 3,000 toises et à déborder la droite autrichienne; après avoir dépassé Krechor, elle prit à droite, marcha sur cette extrême droite et s'empara du village de Krechor; mais l'armée prussienne fut tellement engagée, et la fusillade devint si vive, qu'elle dut faire halte, se former à droite en bataille et marcher au pas de charge pour repousser les tirailleurs : ceux-ci étaient soutenus. Les Prussiens firent d'inutiles efforts pour enlever les hauteurs, qui en même temps étaient attaquées par leur droite; mais tout l'avantage de la position était pour les Autrichiens. L'attaque des Prussiens était une affaire de circonstance non méditée. Il leur fallut gravir des montagnes à pic, passer par des sentiers et des ravins impraticables;

ils firent des prodiges de valeur; mais, forcés de céder, ils perdirent leur artillerie, grand nombre de prisonniers, de morts et de blessés. Ils se replièrent sur Planian et opérèrent leur retraite sur Nimburg. Le maréchal Daun rentra dans son camp, où il resta plusieurs jours à chanter des *Te Deum*. La perte des Prussiens s'éleva à 15,000 hommes, celle des Autrichiens à 5,000. Ainsi, sur deux hommes de son armée, le roi en eut un hors de combat. Le 19 Frédéric leva le siége de Prague et se rendit à Brandeis, où l'artillerie fut transportée pour y être embarquée sur l'Elbe; comme elle n'avait que quatre lieues à faire, elle arriva le soir même du 19. Le maréchal Keith, qui était sur la rive gauche, resta vingt-quatre heures de plus et opéra sa retraite sur Leitmeritz, où il passa l'Elbe. Vivement poursuivi, il perdit 4 ou 500 hommes.

Le roi divisa alors son armée en deux corps, tous les deux sur la rive droite de l'Elbe. Il campa près de Leitmeritz avec la majorité de ses troupes, envoyant le prince royal de Prusse avec le deuxième corps, d'abord derrière l'Iser, à Cejtic, ensuite à Bœhmisch-Leipa, derrière le Polzen, se trouvant ainsi éloigné de dix lieues du roi et de six ou sept de Zittau, où étaient les magasins. Le prince de Lorraine prit enfin son parti le 1er juillet; il sortit de Prague et passa l'Elbe près Brandeis à Celakowic, se porta sur Münchengrætz, derrière l'Iser, et de là à Hühnerwasser, tourna la position du prince royal à Bœhmisch-Leipa, s'empara de Niemes et de Gbel, et par là intercepta la communication avec Zittau, que le prince royal ne put gagner que par un détour et après avoir brûlé ses caissons; il y arriva le 22, un peu avant l'armée autrichienne. Celle-ci bombarda Zittau devant les Prussiens; partie des magasins furent brûlés. Le prince de Prusse se retira par Lœbau sur Bautzen. Le 29 juillet Frédéric quitta son camp de Leitmeritz et vint se joindre au camp de Bautzen, et, quelques jours après, alla camper à Bernstadt, entre Lœbau et Gœrlitz. Le prince de Lorraine était campé en avant de Zittau, tenant une garnison dans Gœrlitz, interceptant ainsi le chemin de la Silésie. Dans la nuit du 15 août Frédéric se porta à Hirschfelde, entre Zittau et Gœrlitz; le coupant par cette position de la place de Zittau, il s'empara de Gœrlitz, reconnut le camp du prince de Lorraine, le jugea inattaquable; et, voyant que ce prince refusait le combat, il revint à Hirschfelde, laissa le commandement de l'armée au prince de Bevern, et le 24 août se mit en marche avec un détachement de seize bataillons et trente escadrons pour se porter sur la Saale. Ici finit la première période de cette campagne.

IV. *Troisième observation.* — Le projet de Frédéric de s'emparer de Prague et de la Bohême était bon en 1756; il l'était encore au commencement de 1757. Là, comme dans un grand camp retranché, il eût couvert la Saxe et la Silésie, contenu l'Autriche et l'empire. Il devait réussir dans cette entreprise : toutes les chances étaient en sa faveur; il avait l'initiative du mouvement, des troupes supérieures en nombre et en qualité, son audace et ses grands talents. Il échoua cependant.

1° Il marcha à la conquête de la Bohême par deux lignes d'opération, avec deux armées séparées entre elles par soixante lieues, et qui devaient se réunir à quarante lieues de leur point de départ, sous les murs d'une place forte, en présence des armées ennemies. Il est de principe que les réunions des divers corps d'armée ne doivent jamais se faire près de l'ennemi; cependant tout réussit au roi. Ses deux armées, quoique séparées par des montagnes, des défilés, surmontèrent tous les obstacles sans qu'il leur arrivât aucun mal. Le 4 mai elles n'étaient plus éloignées que de six lieues, mais elles étaient encore séparées par deux rivières, la place de Prague et l'armée du prince de Lorraine, forte de 70,000 hommes. Leur réunion paraissait impossible; cependant elle s'opéra le 6 mai, à la pointe du jour, à 300 toises du camp autrichien. La fortune se plut à combler Frédéric, qui devait être battu en détail avant la réunion des deux armées, et chacune chassée isolément de la Bohême.

2° Puisque le roi abandonnait sa ligne d'opération par la rive gauche de l'Elbe et qu'il la prenait sur Brandeis et par la rive droite, il eût dû faire passer sur la rive droite de la Moldau le maréchal Keith, le tenir sur son extrême droite, couvrant, dans tous les cas, sa ligne d'opération sur Brandeis. Il eût obtenu trois avantages : 1° toute son armée eût été réunie, et il n'eût rien eu à redouter des entreprises du prince de

Lorraine; 2° il eût eu 20,000 hommes de plus sur le champ de bataille de Prague, immense avantage; 3° sa ligne d'opération sur Brandeis eût été toujours assurée; elle n'aurait pas été compromise comme elle le fut.

3° Pendant la bataille de Prague, le roi abandonna sa ligne d'opération et de retraite, le chemin de Brandeis, et se plaça à cheval sur le chemin de Kolin, qu'occupait le maréchal Daun, à six lieues en arrière. Si le prince de Lorraine eût fait donner sa gauche et occuper Ghel pendant que le maréchal Daun se fût rapproché, le roi était cerné.

Quatrième observation. — 1° Le prince de Lorraine a laissé arriver le roi de Prusse devant Prague, et le maréchal Schwerin devant Brandeis, à six lieues l'un de l'autre, sans avoir saisi l'occasion de marcher à la rencontre de celui-ci sur la droite de l'Elbe, et, joint au comte de Kœnigsegg, de l'accablor avec des forces doubles, pendant que le roi aurait toisé les remparts de Prague. Il n'a pas non plus essayé d'attaquer et de battre le roi, après s'être joint au comte de Kœnigsegg, pendant que Schwerin, encore sur la rive droite de l'Elbe, en était séparé par la Moldau et l'Elbe.

2° Il avait besoin de deux jours pour que le maréchal Daun pût arriver au camp de Prague, ce qui eût porté son armée à 100,000 hommes; et ces deux jours, il ne conçoit pas la possibilité de les gagner en défendant la Moldau au roi, qui la passe à 2,000 toises de son camp, ou en disputant à Schwerin le passage de l'Elbe, qu'il effectue à quatre lieues de son camp.

3° Quand le roi eut passé, dans la nuit du 5 au 6, la Moldau, le prince de Lorraine devait, à sept heures du soir, rentrer dans Prague en laissant 15,000 hommes sur sa position de Ziska pour se masquer et arriver, à la petite pointe du jour, sur le pont du roi, le brûler, attaquer le maréchal Keith, le mettre en déroute, le poursuivre avec cent escadrons, et rentrer le soir dans Prague. Le maréchal Daun se serait approché, et le 7 ils auraient attaqué de concert, si le roi les eût attendus.

4° Il fut battu pour avoir mal rangé son armée en bataille. Il devait placer sa gauche où était son centre, son centre où était sa droite, sa droite où était une partie de sa cavalerie; son infanterie eût été bien appuyée, et sa cavalerie eût été plus près de l'étang de Sterbohol. Il devait garder en réserve le tiers de sa cavalerie et le sixième de son infanterie. Enfin, ayant fait la faute de paralyser sa gauche, il la devait remettre en action en la faisant marcher au secours de la hauteur près de Gbel; ce qui eût arrêté net le mouvement du roi, qui lui-même eût eu sa droite débordée : elle était en l'air.

Cinquième observation. — 1° Le projet du roi de Prusse de cerner une ville comme Prague, renfermant une armée de 40,000 hommes, qui, il est vrai, vient de perdre une bataille, est une des idées les plus vastes et les plus hardies qui jamais aient été conçues dans les temps modernes. Il a employé à ce blocus 50,000 hommes; mais il avait à craindre que le blocus ne fût inquiété par l'armée du maréchal Daun. Il devait profiter des six semaines qu'il avait devant lui pour établir de fortes lignes de circonvallation et de contrevallation, former une armée d'observation, la placer à sept ou huit lieues dans des positions convenables, l'y retrancher, et, au moment où le maréchal Daun se fût approché pour faire lever le blocus, renforcer son armée d'observation d'une partie de l'armée de blocus, et battre le maréchal Daun, sans que les assiégés s'en aperçussent. Le roi ne fit rien pendant ces six semaines qu'il eut devant lui avant que Daun fût en mesure de marcher en avant.

2° Son projet de prendre position sous Kolin, à quatorze lieues de Prague, le mettait hors d'état d'être secouru dans une marche par une partie de l'armée de blocus et *vice versa.*

3° A la bataille de Kolin, il est difficile de justifier sa prétention de tourner la droite de Daun en faisant une marche de flanc de 3,000 toises, à 5,000 toises des hauteurs que couronnait l'armée ennemie. C'est une opération si téméraire, si contraire aux principes de la guerre : «Ne faites pas de marche de flanc devant une armée en position, surtout lorsqu'elle occupe les hauteurs au pied desquelles vous devez défiler.» S'il eût attaqué la gauche de l'armée autrichienne, il était parfaitement placé pour cela; mais défiler sous la mitraille et la mousqueterie de toute une armée qui occupe une position culminante, pour déborder une aile opposée, c'est supposer que cette armée n'a ni canons ni fusils. Des écrivains prussiens ont dit que cette manœuvre n'a manqué que par l'impatience d'un chef de bataillon, qui, fatigué du feu des tirailleurs autrichiens, avait commandé *à droite en bataille* et engagé ainsi toute la colonne; cela est inexact. Le roi était présent; tous les généraux connaissaient ses projets, et de la tête à la queue la colonne n'avait pas 3,000 toises. Le mouvement qu'a fait l'armée prussienne lui était commandé par le premier des intérêts : la nécessité de son salut et l'instinct de tout homme de ne pas se laisser tuer sans se défendre.

Sixième observation. — Que le prince de Lorraine ait été enfermé dans Prague les dix premiers jours, cela doit être considéré comme le résultat de la bataille; mais, aussitôt qu'il a su que le roi de Prusse avait fait un fort détachement contre le maréchal Daun, et dès que le moral de son armée a été rétabli, son inaction est coupable. Il devait, à la pointe du jour, attaquer avec toutes ses forces un des quartiers de l'ennemi, le battre et rentrer aussitôt dans la place, recommencer ainsi plusieurs fois sur d'autres points, et détruire en détail l'armée prussienne. Qui l'empêchait encore de se porter, à la nuit tombante, à la fois sur la hauteur de Ziska et sur les hauteurs correspondantes de Ziska, au saillant du bastion de Prague, d'y construire dans la nuit dix ou douze redoutes, et de se mettre, à la pointe du jour, en bataille sur une ligne de 1,500 toises qu'il eût couverte d'artillerie? Tous les jours suivants, il les aurait employés à fortifier son camp, ou à occuper et à fortifier des positions qui eussent augmenté son étendue et l'eussent rendu plus offensif. Par là il eût fort embarrassé son ennemi et eût été au fait de tous les mouvements du maréchal Daun, jusqu'au moment où, jugeant que son approche devait attirer une partie des forces du roi, il eût fait lever le siége. C'était le cas de se battre tous les jours alternativement sur les deux rives.

Septième observation. — La conduite du maréchal Daun, que l'on suppose basée sur les ressources qu'il savait exister dans Prague, paraît bonne jusqu'après la bataille de Kolin; mais il est coupable de n'avoir pas profité de sa victoire : autant valait-il ne pas vaincre. Après douze jours de délibérations, il se décide enfin à se porter en Lusace. Il était plus conforme à l'esprit de cette guerre qu'il se fût porté en Saxe: il eût repris Dresde, rallié l'armée du prince de Soubise, peut-être celle du duc de Richelieu, les Suédois et les Russes; il eût réuni 200,000 hommes à Berlin.

Les généraux autrichiens, dans cette campagne, sont extrêmement timides; quoique leurs troupes se soient battues avec courage, leurs chefs n'ont montré aucune confiance en elles. Ils ont pu attaquer le prince de Prusse à Zittau, et ils ne l'ont pas fait; le roi leur a constamment offert la bataille après Kolin, et ils l'ont constamment évitée.

CHAPITRE III.

DEUXIÈME CAMPAGNE DE 1757.

I. Seconde époque de la campagne de 1757. — II. Opérations des armées française et hanovrienne; bataille de Hastenbeck (26 juillet); bataille de Rossbach (5 novembre). — III. Opérations des Russes; bataille de Jægersdorf (31 août). — IV. Opérations en Silésie; bataille de Breslau (24 novembre); bataille de Leuthen (5 décembre); quartiers d'hiver. — V. Observations.

I. Cette deuxième époque de la campagne de 1757 commence le 15 juillet et se termine au 15 décembre; elle comprend cent cinquante jours; elle est fertile en grands événements. Les Français gagnent la bataille de Hastenbeck le 26 juillet; ils perdent celle de Rossbach le 5 novembre; les Prussiens perdent celle de Jægersdorf, contre les Russes, le 31 août, et celle de Breslau le 24 novembre; mais le roi s'immortalise et répare tout en gagnant celle de Leuthen le 5 décembre. Il eut en campagne, dans cette deuxième époque, près de 120,000 hommes, indépendamment des garnisons des places fortes; il eut contre lui 180,000 hommes de nations différentes, agissant sans concert et isolément. La direction et la qualité des troupes étaient de son côté; on conçoit donc que la campagne se soit terminée à son avantage. Les trois armées ennemies étaient : 1° 50,000 hommes manœuvrant sur la Saale, sous les ordres du prince de Soubise et du prince de Hildburghausen, savoir : 25,000 Français et 25,000 hommes des contingents de l'empire, fort mauvaises troupes; 2° 60,000 Russes, qui arrivèrent en août, livrèrent une bataille et s'en retournèrent chez eux; 3° l'armée du prince de Lorraine, forte de 80,000 hommes, qui agit en Silésie. On ne compte parmi les masses belligérantes ni l'armée du maréchal d'Estrées, forte de 80,000 hommes, ni l'armée du duc de Cumberland, qui lui était opposée.

II. La cour de Versailles s'était engagée à fournir 24,000 hommes à la reine de Hongrie; le prince de Soubise en prit le commandement, passa le Rhin à Düsseldorf et se dirigea en Saxe, où il se réunit à l'armée des contingents de l'empire; il entra à Erfurt le 21 août.

La France, étant en guerre avec l'Angleterre, voulut s'emparer du Hanovre. Une armée de 80,000 hommes, composée de cent douze bataillons et cent dix escadrons, sous les ordres du maréchal d'Estrées, ayant pour lieutenants généraux MM. de Chevert, d'Armentières et Contades, passa le Rhin, traversa la Westphalie et se porta sur le Weser. Le duc de Cumberland occupait le camp de Bielefeld avec l'armée hanovrienne, hessoise, brunswickoise, à la solde de l'Angleterre, et forte de 60,000 hommes. À l'approche des Français, il repassa le Weser, et le 22 juin campa à Hastenbeck, la droite appuyée au Weser, couverte par un marais, le centre à Hastenbeck, la gauche sur les hauteurs de Hohnsen, à une lieue en avant de la forteresse de Hameln; elle occupait une ligne de 2,500 toises. Le 16 juillet le maréchal d'Estrées passa le Weser sur six colonnes, au-dessus de Hameln; le 24 il prit position devant l'armée ennemie, reconnut qu'elle n'était pas attaquable par les hauteurs de la gauche, et détacha Chevert, qui, le 25, avec seize bataillons, tourna la gauche de l'ennemi et prit position au village d'Afferde, sur ses derrières. Le général, avec vingt-quatre bataillons et quatre régiments de dragons, occupa une position intermédiaire. Le 26 Chevert, secondé par d'Armentières, attaqua l'extrême gauche du duc de Cumberland. Au même moment la gauche française, conduite par le maréchal lui-même, se présenta devant le centre et la droite hanovrienne à Hastenbeck, mais elle ne put y arriver qu'à cinq heures du soir; Chevert était déjà maître de la hauteur et en avait chassé l'élite de l'armée ennemie. La retraite du duc de Cumberland était devenue difficile, lorsque le prince héréditaire de Brunswick, avec 1,200 hommes de ses troupes, soutenus par un régiment hanovrien, pénétra par des bois au milieu des troupes de Chevert, qui en furent d'abord ébranlées et abandonnèrent plusieurs pièces de canon. Un parti de quelques centaines de chevaux s'étant laissé voir derrière l'armée française, le maréchal d'Estrées, alarmé, ordonna la retraite; mais les troupes de Chevert revinrent de leur étonnement, s'aperçurent du peu de monde qu'avait le duc de Brunswick et reprirent leurs canons. Mais, pendant cette incertitude, le duc de Cumberland opéra sa retraite, sauvant son artillerie; il n'éprouva aucune perte sensible. Le champ de bataille et la victoire furent aux Français. La perte de part et d'autre fut de 3,000 hommes.

Peu de jours après, le maréchal d'Estrées fut remplacé par le duc de Richelieu, qui, le 9 septembre, signa, à Kloster-Zeven, une convention avec le duc de Cumberland. Tout l'électorat fut occupé par l'armée française. Les troupes de Brunswick et de Hesse se rendirent dans leur pays, sans être ni désarmées ni prisonnières de guerre; les Hanovriens furent cantonnés.

Quelques semaines après, le duc de Richelieu porta son quartier général à Halberstadt.

Cependant Frédéric, alarmé de l'arrivée sur la Saale des princes de Soubise et de Hildburghausen, était parti, comme nous l'avons dit, de son camp de Bernstadt, le 24 août, avec seize bataillons et vingt-trois escadrons, laissant le duc de Bevern avec cinquante-six bataillons et cent escadrons pour la défense de la Silésie. Il se fit joindre en route par le prince Maurice avec vingt bataillons et vingt escadrons, jeta quatre bataillons dans Dresde pour la garnison de cette ville, et se porta, le 12 septembre, sur Erfurt avec trente-deux bataillons et quarante-trois escadrons. A son approche, Soubise se retira à Eisenach; Frédéric le suivit à Gotha, où il entra le 15 septembre; de là il rétrograda sur Leipzig, laissant Seydlitz à Gotha avec quinze escadrons en corps d'observation. Le roi ayant dû se rapprocher de l'Elbe pour secourir Berlin, Seydlitz évacua Gotha et prit position à mi-chemin de Gotha à Erfurt. Soubise se porta aussitôt de sa personne sur Gotha avec tout son quartier général, 8,000 grenadiers et une division de cavalerie; mais à peine y était-il installé que Seydlitz, plaçant ses quinze escadrons sur un seul rang, marcha hardiment sur le quartier général, qui se sauva en toute hâte sur Eisenach. Les 8,000 grenadiers firent leur retraite après quelques coups de fusil; les bagages du quartier général, quelques prisonniers, tombèrent au pouvoir des Prussiens. Cet événement honteux était le prélude de Rossbach.

Voyant que l'armée combinée de France et de l'empire refusait tout combat, le roi de Prusse porta son quartier général à Buttstædt, où il resta jusqu'au 10 octobre. Cependant le quartier-maître général de Hadik, avec un corps de partisans autrichiens, était entré le 16 octobre à Berlin et l'avait mis à contribution. Cette nouvelle excita l'ardeur de Soubise, il se mit le 27 en marche, passa la Saale, et porta son quartier général à Weissenfels. Frédéric revint aussitôt qu'il en fut instruit, réunit différents détachements, et avec 25,000 hommes marcha sur Weissenfels. Le 29 les Français l'évacuèrent à son approche et repassèrent la Saale. Le 2 novembre le roi la passa sur les trois ponts de Weissenfels, de Merseburg et de Halle. A cette nouvelle, les alliés se réunirent en un seul camp.

III. Le 3 novembre le roi se mit en marche pour les attaquer; mais, arrivé à portée de leur camp, il s'aperçut qu'ils avaient changé de position. Il rétrograda par sa gauche et campa, la droite à Bedra, le centre à Schortau, la gauche à Rossbach. Enhardis par ce mouvement de retraite, les alliés résolurent à leur tour d'attaquer, et conçurent le projet de tourner la gauche du roi, sa droite et son centre leur paraissant trop fortement postés. Le 5 ils exécutèrent ce mouvement sur trois colonnes et sans avant-garde. Ils débordèrent la gauche de l'armée en passant à 12 ou 1,500 toises, coupant la route de Weissenfels et gagnant celle de Merseburg. Le roi, qui les observait depuis deux heures, avait pris toutes ses dispositions pour tomber sur leur flanc et leur tête, profitant des collines qui masquaient son mouvement. Le général Seydlitz, avec toute la cavalerie et plusieurs batteries d'artillerie légère, se porta sur l'extrême gauche, à la droite de Lunstædt. Le prince Henri, avec une brigade de six bataillons, se mit en bataille sur sa droite; toute l'armée suivit; la queue en était encore à Rossbach, qui devint alors l'extrême droite de l'armée prussienne. Celle-ci avait fait ainsi un changement de front en arrière, la droite en avant. L'armée alliée, n'ayant pas d'avant-garde, fut enfoncée par les charges de la cavalerie prussienne et par le feu d'une nombreuse artillerie. La cavalerie française et alliée se culbuta sur l'infanterie, le désordre se communiqua dans toute l'armée. En peu d'heures, la victoire resta aux Prussiens, qui n'eurent que six bataillons d'engagés, 300 hommes hors de combat; ils prirent 7,000 hommes, 27 drapeaux et grand nombre de pièces de canon. Cette armée de contingents, dans le plus grand désordre, alla se rallier au delà des montagnes de la Thuringe.

IV. La Russie avait mis en mouvement une armée de 60,000 hommes, qui traversa la Pologne sur quatre colonnes. Celle de droite, commandée par le général Fermor, investit Memel, secondée par une escadre de neuf vaisseaux de guerre, sous les ordres de l'amiral Lewis. Memel capitula le 5 août. Le maréchal Apraxine commandait en chef : il passa le Niemen, la Pregel, et prit position. Le maréchal prussien Lehwaldt était campé à Insterburg avec 30,000 hommes; il marcha à la rencontre des Russes et campa, le 29 août, vis-à-vis de leur position, qui était au village de Jægersdorf. Le lendemain, 30, les Prussiens marchèrent à l'ennemi, malgré l'infériorité du nombre. Ils manœuvrèrent dans l'ordre oblique pour tourner la gauche russe. Après un combat opiniâtre, ils furent battus. Le maréchal Lehwaldt se retira à Wehlau. Les Russes eurent 5,000 hommes hors de combat, les Prussiens 3,000. Quelques jours après, le 11 septembre, le général russe, quoique vainqueur, repassa la Pregel et le Niemen, et rentra dans son pays, abandonnant ses conquêtes, à l'exception de Memel. Le général prussien, n'ayant plus d'ennemi devant lui, revint sur l'Oder.

16,000 Suédois avaient débarqué en Poméranie et s'étaient emparés d'Anklam, des îles d'Usedom et de Wollin; ils n'étaient observés que par la garnison de Stettin; mais, à l'arrivée du maréchal Lehwaldt, ils furent rejetés dans Stralsund, dans les premiers jours de décembre.

V. Quelques jours après que le roi eut quitté la Silésie, le duc de Bevern abandonna le camp de Bernstadt, et prit position sur la montagne de Landeskrone, près de Gœrlitz, tenant une division campée à Bautzen.

Le prince de Lorraine occupa le camp de Bernstadt, envoya le général Nadasdy sur la Neisse pour s'assurer d'un pont, et délogea la division ennemie de Bautzen, lui coupant toutes ses communications avec la Saxe. Le 7 septembre il fit occuper le Holtzberg. Le duc de Bevern passa la Neisse et marcha, par Naumburg, Bunzlau, Haynau et Liegnitz, sur l'Oder, où il arriva le 9 septembre. Le prince de Lorraine le suivit parallèlement par Lauban, Lœwenberg, Goldberg, Jauer et Neudorf, où il campa le 26. Le 27 le duc de Bevern se porta sur Glogau, y passa l'Oder, marcha sur Breslau par la rive droite, et le 1er octobre campa sur les bords de la Lohe, couvrant Breslau. Le prince de Lorraine investit Schweidnitz; il ouvrit la tranchée le 27 octobre; le 11 novembre il prit d'assaut trois des forts; le gouverneur capitula et se rendit prisonnier avec 6.000 hommes. Encouragé par cette conquête, il se résolut à attaquer le duc de Bevern dans son camp retranché, en avant de Breslau, qui avait sa droite appuyée à l'Oder, au village de Kosel; sa gauche à Klein-Mochbern, sur un beau plateau fortifié. La Lohe couvrait son front : il occupait les villages de Pilsnitz et de Schmiedefeld, comme têtes de ponts: de sa droite il communiquait au faubourg de Saint-Nicolas de Breslau. Son armée était de 36 à 40.000 hommes. Le prince de Lorraine occupa, sur la rive droite opposée, une position parallèle entre Strachwitz et Masselwitz. Les deux armées s'étaient fortifiées dans ces positions. Après la reddition de Schweidnitz, Nadasdy rejoignit son armée et se porta sur la droite, menaçant de marcher sur Breslau, débordant toute la gauche du camp prussien. Le général Zieten, avec sept bataillons et cinquante escadrons, fut détaché sur la gauche pour s'opposer à ce mouvement.

Le 22 novembre, l'armée autrichienne prit les armes à la pointe du jour, et fit trois attaques sur la Lohe en même temps qu'elle débordait la gauche prussienne : à midi elle avait jeté sept ponts sur cette rivière; l'attaque devint alors très-vive. Tous les efforts de Nadasdy sur la droite ne purent faire perdre à Zieten son champ de bataille; mais le prince de Lorraine s'empara de la position de Klein-Mochbern. L'armée prussienne perdit son champ de bataille et se trouva acculée sous les murs de Breslau. Sa perte fut estimée par elle à 6,000 hommes, indépendamment de 10,000 qui furent pris dans Breslau. La perte des Autrichiens fut de 4,000 hommes.

Le lendemain de la bataille, le duc de Bevern fut fait prisonnier dans une reconnaissance. Zieten prit le commandement de l'armée; il repassa l'Oder avec ses débris, descendit la rive gauche, et se porta par Glogau à la rencontre du roi, qui revenait de Saxe, et qui, étant parti de Leipzig le 12 novembre avec dix-huit bataillons et vingt-huit escadrons, arriva le 28 à Parchwitz, où sa jonction se fit le 3 décembre. La désertion était grande dans l'armée prussienne par le résultat de la bataille de Breslau; le roi ne put réunir que 36,000 hommes au camp de Parchwitz. Les forces autrichiennes étaient évaluées au double.

Le 4 décembre, à la pointe du jour, l'armée prussienne marcha sur Neumarkt, où l'avant-garde mit en déroute un corps de 4,000 Croates et fit quelques centaines de prisonniers. Le prince de Lorraine avait quitté Breslau pour se porter en avant, et s'était campé sur la rive gauche du ruisseau de Schweidnitz, le centre au village de Leuthen, la droite au bois de Nippern et la gauche dans une forte position appuyée à la rivière.

Le 5 l'avant-garde prussienne se porta sur Borne et fit 600 prisonniers. L'armée suivit en quatre colonnes, filant devant le front de l'ennemi par un vallon marécageux; protégée dans son mouvement par des brouillards et des collines, elle déroba sa marche à l'ennemi et se porta sur son extrême gauche, qu'elle enfonça. Tous les efforts des généraux autrichiens furent inutiles pour se reformer la gauche en arrière en bataille : les Prussiens arrivaient partout avant que les troupes fussent formées. Le maréchal Daun, voyant leurs progrès continuels sur sa gauche, marcha en avant avec la droite, qu'il commandait; mais, chargées par la cavalerie, ses troupes furent rompues. Les débris de l'armée autrichienne repassèrent le ruisseau de Schweidnitz, et cherchèrent à se rallier sur l'autre rive. Cette armée perdit 6,500 hommes tués ou blessés, 7,000 prisonniers et cent cinquante pièces de canon. L'armée prussienne perdit 2,000 hommes. Le prince de Lorraine évacua Breslau, où il laissa

20,000 malades, blessés ou traînards, qui tombèrent au pouvoir du vainqueur, et se retira en toute hâte en Bohême. De part et d'autre les armées entrèrent en quartiers d'hiver.

VI. *Huitième observation.* — 1° Le maréchal d'Estrées mit trois mois pour se rendre du Rhin au Weser. Avec une armée d'un tiers plus nombreuse et composée de Français, il gagna à peine le champ de bataille à Hastenbeck sur une armée formée des troupes de dix princes différents. Cela prouve la mauvaise composition des états-majors français de ce temps.

2° Le mouvement que Chevert a fait la veille de la bataille était dangereux et contraire aux principes; si l'on n'en éprouva pas de mauvais effets, c'est que le maréchal d'Estrées avait une grande supériorité sur l'ennemi.

3° L'attaque de Chevert et de d'Armentières, le jour de la bataille, était bien entendue; elle était suffisante pour donner une victoire décisive si elle avait été appuyée par soixante escadrons de cavalerie, inutiles sans doute pour l'attaque des hauteurs, mais nécessaires pour en descendre, poursuivre l'ennemi, décider la victoire.

4° L'effet moral que produisit le duc de Brunswick avec 1,200 hommes donna le temps au duc de Cumberland d'assurer sa retraite, et faillit décider du sort de la bataille. Il prouve le peu d'expérience des officiers français; cependant Chevert était là.

5° Le maréchal d'Estrées a mal à propos ordonné la retraite. L'attaque du prince héréditaire et le parti de cavalerie qui s'est montré sur sa ligne de communication étaient des faits entièrement isolés, ne pouvant avoir aucune connexion entre eux. Son imagination s'en est emparée, les a coloriés; il y a vu l'indice d'un projet qu'exécutait l'ennemi et qui le mettait en danger; elle lui a fait un *tableau.* L'attaque du prince héréditaire ne faisait que commencer; il fallait patienter, la laisser se décider, se démasquer tout entière; elle a été effectivement bientôt épuisée. Et d'ailleurs que pouvait craindre le maréchal? Chevert avait tout autant de troupes qu'il en fallait pour repousser toute l'armée du duc de Cumberland. Les hussards qui se sont montrés sur les derrières ne pouvaient être d'une grande importance que pour les vivandiers. On devait tout au plus se contenter d'envoyer une brigade de cavalerie légère pour les repousser.

La première qualité d'un général en chef est d'avoir une tête froide, qui reçoive des impressions justes des objets, qui ne s'échauffe jamais, ne se laisse pas éblouir, enivrer par les bonnes ou mauvaises nouvelles; que les sensations successives ou simultanées qu'il reçoit dans le cours d'une journée s'y classent et n'occupent que la place juste qu'elles méritent d'occuper; car le bon sens, la raison, sont le résultat de la comparaison de plusieurs sensations prises en égale considération. Il est des hommes qui, par leur constitution physique et morale, se font de toute chose un tableau : quelque savoir, quelque esprit, quelque courage et quelques bonnes qualités qu'ils aient d'ailleurs, la nature ne les a point appelés au commandement des armées ni à la direction des grandes opérations de la guerre.

6° La convention de Kloster-Zeven est inexplicable. Le duc de Cumberland était perdu; il était obligé de mettre bas les armes et de se rendre prisonnier : il n'était donc possible d'admettre d'autre terme de capitulation que celle-là.

Le duc de Richelieu eut le tort de ne pas désarmer et licencier les troupes hanovriennes.

7° L'échauffourée de Gotha, où tout un quartier général, protégé par une division de 8,000 grenadiers et plusieurs milliers de chevaux, se laisse épouvanter et se sauve devant 1,500 hussards, sans retourner la tête, peint assez ce qu'on devait attendre d'un général d'un caractère aussi faible que le prince de Soubise et le duc de Hildburghausen.

8° Le résultat de la bataille de Rossbach n'est point extraordinaire : 22 à 26,000 Prussiens, troupes d'élite et bien commandées, devaient battre 45 à 50,000 hommes de troupes de l'empire et de troupes françaises de ce temps, si misérablement commandées; mais ce qui a été un sujet d'étonnement et de honte, c'est d'avoir été battu par six bataillons et trente escadrons: ce n'est pas une armée composée de pareilles troupes, commandée par de pareils officiers, dont l'âme et l'esprit étaient si faibles, dont tous les ressorts étaient si mous, qui pouvait entreprendre une marche de flanc devant une armée bien constituée.

9° La manœuvre du roi de Prusse est naturelle et mérite moins d'éloges que l'ennemi ne mérite de blâme, car elle lui a été dictée par cette marche imprudente, faite sans être ni protégée par un corps d'observation en position, ni éclairée par des flanqueurs et une avant-garde, de manière à être à l'abri de toute surprise dans un pays de mamelons et dans une saison brumeuse.

Neuvième observation. — La position du duc de Bevern à la bataille de Breslau est fautive, en ce qu'elle ne couvrait pas Breslau. Ce général avait fortifié des positions sur la droite de cette ville; et le prince de Lorraine, s'il eût mieux manœuvré, n'eût pas tiré un seul coup de fusil devant ces retranchements. Il eût poussé sa droite, que commandait Nadasdy, encore plus près de l'Oder, et eût tourné entièrement le camp retranché, changeant sa ligne d'opération, abandonnant celle de Schweidnitz et prenant celle de la haute Silésie. Le général prussien n'avait aucun intérêt à livrer bataille, puisqu'il attendait le roi avec des renforts: il ne s'agissait donc que de garder un camp qui couvrît Breslau. On conçoit difficilement qu'il n'ait pas résolu ce problème, lorsqu'il a eu près de deux mois pour choisir ce camp et s'y fortifier. Une bonne armée de 35 à 40,000 hommes doit, en peu de jours, surtout lorsqu'elle est appuyée à une grande place et à une grande rivière, rendre son camp inattaquable par une armée double en forces.

Dixième observation. — La bataille de Leuthen est un chef-d'œuvre de mouvements, de manœuvres et de résolution; seule elle suffirait pour immortaliser Frédéric et lui donner rang parmi les plus grands généraux. Il attaque une armée plus forte que la sienne, en position et victorieuse, avec une armée composée en partie des troupes qui viennent d'être battues, et remporte une victoire complète sans l'acheter par une perte disproportionnée avec le résultat.

Toutes ses manœuvres, à cette bataille, sont conformes aux principes de la guerre; il ne fait pas de marche de flanc devant l'ennemi, car les deux armées ne se sont pas vues en bataille. L'armée autrichienne, qui connaît l'approche de l'armée du roi par les combats de Neumarkt et de Borne, s'attend à la voir prendre position sur les hauteurs qui lui sont opposées, et c'est pendant ce temps que, protégé par un mamelon et des brouillards, et masqué par son avant-garde, le roi continue sa marche et va attaquer l'extrême gauche de l'armée autrichienne.

Il ne viole pas non plus un deuxième principe non moins sacré, celui de ne point abandonner sa ligne d'opération; mais il en change, ce qui est considéré comme la manœuvre la plus habile qu'enseigne l'art de la guerre. En effet, une armée qui change sa ligne d'opération trompe l'ennemi, qui ne sait plus où sont ses derrières et les points délicats par où il peut la menacer. Par sa marche, Frédéric abandonna la ligne d'opération de Neumarkt et prit celle de la haute Silésie : l'audace et la rapidité de l'exécution, l'intrépidité des généraux et des soldats ont répondu à l'habileté de la manœuvre. Car ici Daun a fait, une fois engagé, tout ce qu'il devait faire, et n'a pas réussi. Trois fois il a essayé de refuser sa gauche et son centre par un à-gauche en arrière en bataille; il a même fait avancer sa droite pour inquiéter la ligne d'opération de Neumarkt, qu'il supposait être encore celle du roi; il a donc fait tout ce qui était prescrit en pareille circonstance. Mais la cavalerie et les masses prussiennes arrivèrent constamment sur ses troupes avant qu'elles eussent eu le temps de se former. Il est vrai aussi de dire que le roi fut merveilleusement secondé par les circonstances; toutes les mauvaises troupes, celles de l'empire, étaient sur la gauche de l'armée autrichienne : or la différence de troupe à troupe est immense.

CHAPITRE IV.

CAMPAGNE DE 1758.

I. Opérations des armées française et hanovrienne; bataille de Krefeld (23 juin); bataille de Lutterberg (7 octobre). — II. Opérations en Moravie et en Bohême; siége d'Olmütz. — III. Opérations des armées russe et suédoise; bataille de Zorndorf (25 août). — IV. Opérations en Saxe; bataille de Hochkirch (14 octobre). — V. Opérations en Silésie; quartiers d'hiver. — VI. Observations.

I. Le duc Ferdinand de Brunswick prit le commandement de l'armée du duc de Cumberland le 24 novembre 1757; il arriva à Stade, son quartier général; il fit connaître au duc de Richelieu, qui commandait l'armée française et avait son quartier général à Lüneburg, que le roi d'Angleterre ne reconnaissait pas la convention de Kloster-Zeven. Les hostilités commencèrent; mais la rigueur de la saison décida les deux armées à entrer dans leurs quartiers d'hiver le 24 décembre. Le duc de Richelieu fit occuper Bremen, le 16 janvier, par le chevalier de Broglie, pour appuyer sa gauche. Il fut rappelé et remplacé par le comte de Clermont, prince de la Maison de Condé, qui prit le commandement le 15 février. Quelques jours après, le duc Ferdinand entra en campagne avec une armée de cinquante bataillons et soixante escadrons, composée de Hanovriens, Brunswickois, Hessois et autres petits princes. Le prince Henri de Prusse, qui commandait en Saxe, seconda ses opérations avec une division de dix bataillons et quinze escadrons. L'armée du comte de Clermont, toute française, était forte de quatre-vingts bataillons et cent dix escadrons; elle possédait les places fortes de Minden, Hameln, Nienburg, et, sur le Rhin, Wesel et Düsseldorf. Le 22 février, le duc Ferdinand se porta sur Verden, passa le même jour l'Aller et le Weser, quoique ces deux rivières charriassent. L'alarme fut fort vive dans tous les cantonnements français; ils se replièrent, la gauche sur Osnabrück, le centre sur Minden, la droite sur Hameln. Le 8 mars l'ennemi investit et prit Minden, qui avait une garnison de 5,000 hommes, à la vue du comte de Clermont, qui n'eut de repos qu'après avoir repassé le Rhin à Düsseldorf, le 3 avril, ayant perdu en un mois de campagne la Westphalie, le Hanovre et la Hesse, ses hôpitaux et ses magasins, sans avoir donné ni essayé de donner un combat, quoiqu'il eût des forces supérieures à celles de son ennemi. Le quartier général de l'armée française fut placé à Wesel, et les troupes cantonnées sur la rive gauche du bas Rhin. Le duc de Broglie occupa Francfort et Hanau avec le contingent français qui était à la disposition de la reine de Hongrie; le prince de Soubise prit le commandement de l'armée, qui fut renforcée de 6,000 Wurtembergeois, ce qui la porta à 30,000 hommes.

Le 29 avril le duc Ferdinand passa le Rhin sur le pont de Rees, entre Emmerich et Wesel, se porta sur Clèves avec la majeure partie de ses troupes, en laissant le prince d'Isenburg avec 5,000 hommes pour observer l'armée du prince de Soubise sur la Lahn. Le 10 juin le duc Ferdinand se trouva en présence de l'armée française, qui avait sa droite appuyée au Rhin, sa gauche au canal de Gueldre, occupant, en avant-garde sur le centre, Kloster-Kamp. Le 12 il attaqua Kloster-Kamp, et, après une action vive, s'en empara. Le comte de Clermont évacua sur-le-champ toutes ses positions, et fit sa retraite sur Neuss. Mais, ayant reçu des ordres de la cour, il remarcha en avant, et campa, le 19, derrière les vestiges du canal creusé pour joindre la Meuse et le Rhin, la droite à Fischeln, la gauche à Aurath. Cette position était bonne, elle était formidable; ses flancs étaient appuyés par des marais qui, du côté de la droite, s'étendaient au Rhin. Le duc Ferdinand se plaça vis-à-vis, la gauche à Hüls, la droite à Kempen : il avait trente-huit bataillons et cinquante-deux escadrons. Si inférieur en nombre, il n'hésita pas à attaquer; il laissa seize bataillons et vingt escadrons pour observer la droite française, six bataillons et six escadrons pour observer le centre, et avec seize bataillons et vingt-six escadrons il tourna au loin toute la gauche, traversant des pays impraticables, et vint engager la bataille sur les derrières de l'ennemi. La cavalerie française se battit avec intrépidité, mais éprouva des pertes considérables. Le comte de Clermont ordonna la retraite. Cette déshonorante journée lui coûta 7,000 hommes. Son armée se rallia au camp de Cologne. Le duc Ferdinand s'empara de Düsseldorf et bloqua Wesel. Le comte de Clermont fut rappelé et remplacé par le maréchal de Contades. Le maréchal de Belle-Isle était ministre de la guerre. L'armée fut promptement renforcée et réorganisée, ainsi que celle du prince de Soubise, qui était toujours sur le Main.

Le prince de Soubise fit marcher sur la Lahn le chevalier de Broglie avec quatorze bataillons et quatorze escadrons, pour chasser le prince d'Isenburg. Ces deux divisions, si inégales en forces, se rencontrèrent à Sangerhausen. Le prince d'Isenburg fut battu et perdit 1,000 hommes. Le 23 juillet le chevalier de Broglie entra à Cassel; il y fut suivi par le prince de Soubise. Pendant ce temps, le maréchal de Contades faisait passer le Rhin à Chevert avec 8,000 hommes, le dirigeait sur Wesel et sur les ponts de Rees pour les brûler, ce qui eût compromis l'armée alliée; mais Chevert fut battu après un combat fort opiniâtre, et obligé de se reployer. Le 10 août le duc Ferdinand repassa sur la rive droite du Rhin et fut rejoint par une division anglaise. Contades porta son quartier général à Wesel; le 19 août il marcha par Recklinghausen pour se joindre à Soubise sur Lippstadt; mais ce prince fit un mouvement contraire, il se dirigea sur le Hanovre. Le duc Ferdinand, qui avait son quartier général à Münster, se plaça entre les deux armées et s'opposa à leur jonction. Il fit marcher son aile gauche pour surprendre Cassel, où étaient tous les magasins du prince de Soubise, mais celui-ci se reploya à temps; ce qui donna lieu, le 7 octobre, à la bataille de Lutterberg. La moitié de l'armée du duc Ferdinand, sous les ordres du général Oberg, y fut battue; le prince de Soubise prit vingt-huit pièces de canon et un millier d'hommes. Le duc Ferdinand passa lui-même sur la rive gauche de la Lippe. Le maréchal de Contades essaya de surprendre Münster : c'était une représaille à la tentative du duc Ferdinand contre Cassel; mais il échoua et prit le parti de repasser le Rhin et de prendre ses quartiers d'hiver sur la rive gauche. Le prince de Soubise voulut se maintenir à Cassel; mais, abandonné par le maréchal de Contades, il prit le parti de rétrograder sur le Main, où il cantonna autour de Francfort et de Hanau.

II. Pendant cette campagne, le roi de Prusse agit avec trois armées, formant ensemble cent vingt-neuf bataillons et deux cent dix-huit escadrons : une, qu'il commanda en personne et avec laquelle il entra en Moravie, forte de soixante-quatre bataillons et cent vingt-huit escadrons; la deuxième, qu'il laissa en Saxe, sous les ordres du prince Henri, forte de trente-huit bataillons et trente-quatre escadrons; enfin une troisième, qu'il forma dans la vieille Prusse pour agir contre les Russes, sous les ordres du général Dohna, forte de vingt bataillons et trente-cinq escadrons; trente et un bataillons étaient en outre en garnison dans les places de Silésie, et quinze escadrons étaient détachés à l'armée du duc Ferdinand. Les subsides considérables qu'il reçut de l'Angleterre donnèrent une grande activité à son recrutement. Il eut contre lui, dans cette campagne, l'armée autrichienne du maréchal Daun, forte de quatre-vingt-dix bataillons et cent vingt escadrons; l'armée des cercles, qui, réunie à deux divisions autrichiennes, formait l'armée de Bohême, forte de quarante-cinq bataillons et cinquante escadrons, et enfin les armées russe et suédoise, fortes ensemble de 80,000 hommes. Il dut, avec 135 à 140,000 hommes, faire face à 230 ou 240,000 hommes : mais les troupes ennemies étaient de nations différentes, agissant isolément et sans accord, sur des frontières fort éloignées les unes des autres. Dans ce calcul ne sont comprises ni les forces françaises ni l'armée du duc Ferdinand, qui agissaient sur le Weser et sur le Rhin. Le duc Ferdinand non-seulement contint les Français, mais aussi les contingents de Wurtemberg et d'autres petits princes riverains du Rhin, qui eussent augmenté l'armée des cercles en Bohême.

Au commencement du printemps, le roi de Prusse était encore en Silésie, le prince Henri commandait en Saxe et le général Dohna dans la vieille Prusse. Le roi se résolut à entrer en Moravie, assiéger et prendre Olmütz. Le maréchal Daun était en Bohême, occupé à en fortifier tous les débouchés; 8,000 Autrichiens tenaient garnison dans Schweidnitz. Le

1er avril le roi cerna cette forteresse, ouvrit la tranchée et enleva d'assaut un des ouvrages; ce qui décida la reddition de la place le 15 avril. Le 1er mai il partit de Troppau; le 6 il fit cerner Olmütz par le maréchal Keith, avec seize bataillons; l'équipage d'artillerie était réuni à Neisse pour protéger le siége. Il forma trois camps : un à Neustadt, de sept bataillons et trois escadrons, sous les ordres du margrave Charles; un à Aschmeritz, de quinze bataillons et dix-sept escadrons, sous les ordres du prince Maurice; un à Prossnitz, sur la route de Vienne, de vingt et un bataillons et vingt-huit escadrons; il s'établit à ce camp. Le général Fouqué, chargé avec sa division d'escorter l'équipage de siége, arriva à Kronau, à douze lieues d'Olmütz, le 20 mai; la tranchée fut alors ouverte.

Daun était enfin accouru en Moravie et s'était campé à Leitomischl, vingt lieues ouest d'Olmütz; il poussa le comte de Loudon sur Konitz et le général de Ville en avant de Wischau, barrant la route de Brünn et de Vienne. Ayant reçu les renforts qu'il attendait, et pressé par les ordres de sa cour de secourir Olmütz, le 9 mai il leva son camp, se porta à Zwittau, campa sur la hauteur de Gewitsch, dans le temps que le général Janus s'approchait du prince Maurice. Le 16 juin il prit position en avant de Wischau, sur la chaussée de Vienne, à trois lieues de Prossnitz et à sept d'Olmütz. Le 22 il fit entrer de vive force 1,200 hommes dans la place, par la route même de Troppau; cependant le siége continuait, et, malgré l'activité du général Marshall, qui commandait dans la place, elle était aux abois.

Mais les munitions et les vivres manquaient à l'armée prussienne; un convoi de 4,000 chariots, escorté par huit bataillons, 3,000 recrues et 1,000 chevaux, était préparé à Neisse. Le maréchal Daun conçut le projet de l'intercepter et de faire ainsi échouer le siége d'Olmütz sans risquer de bataille. Il détacha plusieurs divisions sous les ordres de Loudon pour occuper tous les défilés des montagnes entre la Silésie et la Moravie. Le convoi, parti de Troppau le 27, marchait sur une seule ligne et occupait un espace de huit ou dix lieues; le lendemain, 28, Loudon l'attaqua inutilement avec son avant-garde, fut repoussé et perdit 500 prisonniers.

Cependant le roi était inquiet : il détacha, ce même jour 28, Zieten pour marcher à la rencontre du convoi ; ce général le joignit le soir même : dès lors il paraissait sauvé. Mais, le 30, Loudon, étant en position sur les hauteurs de Domstadtl avec toutes ses forces, attaqua Zieten, le sépara d'Olmütz, le rejeta sur Troppau, prit et brûla tout le convoi, à l'exception de 200 chariots, parmi lesquels ceux du trésor, qui parvinrent à gagner le camp prussien. Le 1er juillet le roi leva le siége; il traînait à sa suite 5,000 chariots; tous les débouchés de la Silésie étaient fortement occupés par Loudon : il prit le parti de se retirer sur la Bohême. Le 6 juillet il arriva à Leitomischl; le 9 l'armée y fut réunie; le 14 il campa à Kœnigingrætz, couvert par l'Elbe et en communication avec la Silésie. Le 25 il se mit en marche pour évacuer la Bohême, et le 10 août il arriva à Landeshut, en Silésie. Il laissa son armée au margrave Charles, et partit avec dix-huit bataillons et trente-cinq escadrons pour se porter contre les Russes, qui assiégeaient Küstrin.

III. La czarine avait été mécontente de la retraite du maréchal Apraxine après la bataille de Jægersdorf; elle disgracia le ministre qui l'avait commandée, et ordonna à son armée de passer le Niemen et de prendre ses quartiers d'hiver dans la vieille Prusse, sur la droite de la Vistule. Dans le courant de mars, le général Fermor, nouveau général en chef de l'armée russe, qui était de 70,000 hommes, occupa Elbing et Thorn : le 27 juin il passa la Vistule, se dirigeant sur Posen. Le général prussien Dohna partit le 18 juin de Stralsund, qu'il tenait bloqué, campa le 6 juillet à Schwedt avec vingt bataillons et trente-cinq escadrons. Le 1er juillet les Russes arrivèrent à Posen; le 26, à Meseritz; le 10 août ils passèrent la Warta à Landsberg; le 13 ils cernèrent la ville de Küstrin, sur la rive droite de l'Oder, et la bombardèrent; leur ligne était formée par quarante bataillons et trente-cinq escadrons. Romanzof, avec 8,000 hommes, occupait Schneidemühl. Browne, avec une division de réserve, arrivait à Landsberg. Dohna campa, le 6 août, près de Francfort-sur-l'Oder; le 16, à Reitwein; le 17, entre Manschnow et Gorgast. Le 21 le roi arriva à Küstrin. Le 22 la division qu'il amenait avec lui, sous les ordres du prince Maurice, campa vis-à-vis Küstrin, sur la rive gauche de l'Oder; le 23 elle passa sur la rive droite, à plusieurs lieues au-dessous de la place. Le général russe leva sur-le-champ le siége, réunit tous ses bagages et tous ses chariots au petit Cammin, village à deux lieues de Küstrin, sur la route de Landsberg; il forma des chariots un camp retranché, laissa 4,000 grenadiers et vingt pièces de canon pour sa défense, et se campa avec le reste de l'armée en avant de Zorndorf. Dans la journée du 24, Browne le rejoignit avec la division de réserve.

Dans la nuit du 24 au 25, l'armée russe, forte de 54,000 hommes, ayant une centaine de pièces de canon, se porta à 3,000 toises du camp du petit Cammin, près de la bergerie du village de Quartschen, et se forma en un seul carré dont la forme était celle d'un rectangle. Le roi, avec 35,000 hommes, manœuvra toute la journée du 24; le soir il passa la petite rivière de Mietzel et se trouva en présence du carré russe. Le 25 au matin il marcha par sa gauche, se porta entre Zorndorf et Küstrin pour attaquer la droite du carré, manœuvrant dans l'ordre oblique; il s'en trouva mal. Les Russes, provoqués par cette marche de flanc, marchèrent contre les colonnes d'attaque qui étaient en tête; elles furent culbutées, mises en désordre. Enfin, après diverses fluctuations, beaucoup de faux mouvements et d'échauffourées que réparèrent le coup d'œil de Seydlitz et l'intrépidité de sa cavalerie, la gauche du carré russe fut entamée, et la victoire resta aux Prussiens. Les Russes perdirent 18,000 hommes tués, blessés ou pris, et soixante pièces de canon; le roi eut 10,000 hommes hors de combat.

Le 26 le général Fermor, acculé au bois de Drewitz, rallia ses troupes, mais il était coupé de ses bagages et des 4,000 grenadiers du camp de Cammin. Dans la nuit du 27 au 28 il passa entre le camp du roi et la forteresse de Küstrin, et rejoignit le camp de Cammin, où il resta jusqu'au 31; le 1er septembre il se porta sur Landsberg. Le roi resta spectateur de tous ces mouvements; il avait trop souffert pour entreprendre d'inquiéter la retraite des Russes. Le 2 septembre il partit avec quinze bataillons et trente-cinq escadrons pour manœuvrer en Saxe, laissant le reste de l'armée sous le général Dohna, avec ordre de suivre les Russes.

Le général Fermor opéra insensiblement sa retraite. Dans les premiers jours de septembre, le général Palmbach cerna et bombarda Kolberg; le 11 octobre il était maître du chemin couvert; mais le 22, le général Dohna s'étant avancé à Stargard, l'armée se retira, et le siége de Kolberg fut levé le 1er novembre.

Les Suédois firent peu de chose dans cette campagne. Le 6 septembre ils s'étaient portés sur Prenzlow; ils y furent contenus par le général Wedell avec huit bataillons et cinq escadrons. A la fin d'octobre, ce général ayant été appelé en Saxe, Dohna détacha le général Manteuffel avec huit bataillons pour les observer. Plus tard Dohna revint en Poméranie, cerna Demmin et Anklam, et fit 2,500 prisonniers aux Suédois, qu'il rejeta dans Stralsund; il prit ses quartiers d'hiver en Poméranie et dans le Mecklenburg.

IV. Le prince Henri, avec trente-trois bataillons et quarante-trois escadrons, occupait Dresde par une garnison et observait les frontières de la Bohême; son camp et son quartier général étaient à Gross-Sedlitz, dans le temps que l'armée des Cercles, sous les ordres du duc de Deux-Ponts, forte de cinquante bataillons et quatre-vingts escadrons, en y comprenant diverses divisions autrichiennes, mais mauvaises troupes, gardait la Bohême, ayant ses principales forces à Saatz. Pendant les mois de février et de mars, il seconda l'armée du duc Ferdinand par une division qu'il rappela en avril. Le 15 avril il se porta à Plauen avec dix-huit bataillons et vingt-six escadrons, laissant le général Hülsen sur la position de Freyberg pour observer les débouchés de la Bohême et maintenir ses communications avec Dresde; mais le duc de Deux-Ponts était sur la défensive et n'avait garde de rien entreprendre. Les choses restèrent ainsi pendant mai, juin et juillet.

Cependant Daun avait suivi l'armée du roi dans sa retraite de Moravie; le 17 août il campa à Zittau, première place de la Lusace, et détacha Loudon sur Francfort-sur-l'Oder, pour couper les communications du roi avec ses autres armées. Il laissa en Silésie le général Harsch avec 12,000 hommes, et chargea le général de Ville, avec 6 ou 7,000 hommes, de bloquer Neisse. De son côté, le margrave Charles, que le roi avait laissé pour commander son armée au camp de Landeshut, en Silésie, détacha Zieten avec sept bataillons et vingt-six escadrons pour observer Loudon. Il chargea Fouqué, avec onze bataillons et dix escadrons, de protéger la Silésie, et le 20 il quitta Landeshut, que Fouqué garda jusqu'au 4 novembre. Le 23 il arriva à Lœwenberg. Le maréchal Daun, de Zittau, se porta le 20 à Gœrlitz. Loudon entra le 25 à Peitz; ses coureurs arrivèrent jusqu'à Francfort, mais l'approche de Zieten fit échouer tous ses projets. Le 26 Daun quitta Gœrlitz et se porta sur l'Elbe, où il campa le 1er septembre à Nieder-Rœdern. Le duc de Deux-Ponts avait fait investir le fort de Sonnenstein; le colonel Grape, qui le commandait, le rendit à la fin d'août; la garnison, forte de 1,400 Prussiens, fut faite prisonnière de guerre. L'armée des Cercles occupa le camp de Pirna.

Le roi partit le 3 septembre de Küstrin, après la retraite des Russes, et arriva le 9 sous Dresde, au camp de Gross-Sedlitz. Daun, voyant ses plans déjoués, se porta à Stolpen, ayant la gauche sur Pirna, la droite à Lœbau, et derrière lui la Bohême. Loudon prit position à Radeberg pour couper la route de Bautzen à Dresde. Cependant Neisse était assiégé; le roi sentit l'importance de marcher au secours de cette clef de la Silésie. Daun était inattaquable dans son camp de Stolpen. Le 14 septembre le général prussien Retzow coucha à Radeberg, que Loudon avait évacué. Le 26 le roi entra dans Bischofswerda et Bautzen; et le 1er octobre Retzow campa à Weissenberg. Daun quitta alors Stolpen, et le 6 octobre prit le camp de Kittlitz, près de Hochkirch, à cheval sur les routes de Bautzen à Lœbau et de Bautzen à Gœrlitz. Le roi avait établi sa boulangerie à Bautzen; le 10 il marcha en quatre colonnes sur Hochkirch, où il campa à la vue de l'armée autrichienne, quoique l'artillerie battît en plein tout le terrain qu'il occupait. Il plaça sa droite en avant de Hochkirch, et sa gauche du côté de la route de Bautzen à Gœrlitz, sur un rideau qui se prolonge le long du ruisseau qui débouche à Wurschen; sa première ligne formait un Z renversé, dont le premier crochet (6 à 700 toises) couvrait le village de Hochkirch et faisait face aux montagnes; le deuxième crochet était de 13 à 1,400 toises, et le troisième, faisant face du côté de Weissenberg, de 400 toises. Cette première ligne, de 2,200 toises, était garnie par vingt-six bataillons et cinquante escadrons; à 200 toises en arrière était la deuxième ligne, forte de quatre bataillons et de trente-cinq escadrons; trois bataillons étaient placés dans le village de Hochkirch, deux bataillons des gardes étaient cantonnés au village de Wawitz, où était le quartier général, à peu près sur le milieu de la ligne. Le parc général se trouvait placé à la même hauteur; deux grosses batteries de pièces de 12 étaient l'une à droite et l'autre à gauche de la première ligne. Le général Retzow, avec seize bataillons et trente escadrons, était en avant de Weissenberg, à 2,500 toises de la gauche de l'armée du roi, et séparé par la chaussée de Bautzen à Gœrlitz et par la petite rivière de Lœbau. Une douzaine d'escadrons et trois ou quatre bataillons occupaient des positions intermédiaires sur des hauteurs, maintenant la communication entre les deux camps prussiens; six bataillons et cinq escadrons étaient à Bautzen pour garder la boulangerie.

L'armée du maréchal Daun était campée à 1,000 toises en avant du village de Kittlitz, sa gauche appuyée au mont Hochkirch, sa droite à la petite rivière de Lœbau, au village de Nostitz, occupant, 800 toises en avant, le Strohmberg, où il avait établi des batteries. Cette montagne domine fort au loin. Sa ligne de bataille était de 3,600 toises. Il avait sur sa gauche le corps de Loudon, qui gardait la montagne de Hochkirch et tous les bois jusqu'au village de Meschwitz, faisant un crochet sur les derrières de la droite prussienne. Les sommités du Hochkirch en étaient éloignées de 500 toises. Le Strohmberg, derrière lequel était appuyée la droite de l'armée autrichienne, était à 1,200 toises de la gauche de l'armée prussienne. Sur la rive droite de la rivière de Lœbau, le prince de Durlach était opposé au camp de Weissenberg.

Les nombreuses troupes légères de l'armée autrichienne se maintinrent maîtresses de tous les taillis qui sont au revers du Hochkirchberg, jusqu'à 300 toises du camp prussien. Le 12 le roi fit deux détachements de sept bataillons pour aller chercher des vivres à Bautzen et à Dresde. Il parut, dans la journée du 13, inquiet de la mauvaise position de son camp, et il n'attendait que l'arrivée de ses vivres pour faire le mouvement qu'il avait projeté sur Gœrlitz et la Silésie. Mais le 13, au coucher du soleil, Daun fit prendre les armes à son armée, et manœuvra avec sa droite, marchant par sa gauche par des chemins qu'il avait fait pratiquer dans les bois de la montagne de Hochkirch, pour se joindre à Loudon et envelopper toute la droite du roi. Ce mouvement se fit avec un tel ordre et un si grand silence, que le roi n'en eut pas connaissance, quoiqu'il s'exécutât à 300 toises de ses vedettes. Une division de huit bataillons et cinq escadrons, sous les ordres du général Colloredo, se porta en observation vis-à-vis le front de l'armée prussienne, du côté de Kohlwesa. La droite autrichienne, sous les ordres du duc d'Arenberg, marchant par un mouvement contraire à celui de la gauche, appuya sur la droite jusque près de la rivière de Lœbau, au village de Weicha, au delà de la chaussée de Gœrlitz : la droite et la gauche se trouvèrent ainsi séparées de 5,000 toises. Les troupes passèrent la nuit à exécuter ces mouvements, et à cinq heures du matin, le 14, la gauche commença l'attaque. Loudon se porta sur Steindorfel, ayant tourné toute la droite du roi, et envoya par derrière des tirailleurs sur le village de Hochkirch. Daun s'avança en trois colonnes sur le front du premier crochet; les troupes prussiennes furent surprises dans leur camp; elles en sortirent demi-habillées; trois bataillons de grenadiers accoururent à l'attaque de Loudon, croyant repousser une attaque de troupes légères; mais, bientôt environnés de tous côtés, ils furent presque entièrement détruits. Le régiment de tête de la deuxième ligne fit un changement de front et se porta contre Loudon; il fut également cerné et défait. Les Autrichiens s'emparèrent du village de Hochkirch et de la grande batterie de la droite. Le roi fit marcher ses réserves et marcha lui-même pour reprendre ce village; après diverses vicissitudes, il échoua. A la nuit succéda un brouillard fort épais, qui, dès qu'il s'éclaircit, laissa voir l'armée autrichienne déjà formée en avant de Hochkirch. L'armée prussienne se trouvait cernée de tous côtés; Loudon marchait sur les défilés de Drehsa; mais Mœllendorf y arriva à temps pour conserver cette position importante et sauver l'armée. De son côté, le duc d'Arenberg n'attaqua qu'à huit heures du matin; il cerna plusieurs bataillons qui étaient isolés, en position pour maintenir les communications avec le camp de Weissenberg, s'empara de la grande batterie de la gauche, mais ne donna pas de suite à son attaque. Le général Retzow, de Weissenberg rejoignit la gauche de l'armée du roi, qui alors opéra sa retraite tranquillement et s'arrêta sur les mamelons de Schaaf Berg. Daun reprit son camp, et les deux armées restèrent ainsi plusieurs jours en présence, éloignées l'une de l'autre de 6,000 toises. Le roi perdit 10,000 hommes, grande partie de ses généraux, parmi lesquels le maréchal Keith et presque toute son artillerie. Les Autrichiens perdirent 5,000 hommes.

V. La tranchée était ouverte devant Neisse; la chaussée de Bautzen à Gœrlitz était interceptée par le maréchal Daun. Dix jours après sa défaite, le 24 octobre, le roi déroba une marche à l'ennemi, en remontant la Sprée, et arriva sur Gœrlitz avant Daun; le 3 novembre il entra à Schweidnitz; le 5 le siége de Neisse fut levé. Aussitôt que Daun vit qu'il lui était impossible, sans hasarder une bataille, d'empêcher le roi de rentrer en Silésie, il se contenta de le poursuivre par Loudon et d'envoyer par les montagnes une division pour renforcer l'armée assiégeant Neisse; et, avec le gros de l'armée, il se porta sur l'Elbe, le passa le 6 novembre à Pirna, et campa sur les hauteurs de Loschwitz, dans le temps que l'armée des Cercles se portait sur Freyberg; il somma et cerna Dresde. Le prince Henri avait accompagné le roi en Silésie. Les Prussiens du camp de Gamig, menacés d'un côté par l'armée des Cercles et de l'autre par l'approche de Daun, l'évacuèrent et se couvrirent par la vallée de Plauen; le 9 novembre ils passèrent l'Elbe et se placèrent derrière Dresde. Le 10 novembre Schmettau fit mettre le feu au faubourg; Daun somma la ville. Cependant le roi, après avoir délivré Neisse, partit le 8 novembre pour retourner sur l'Elbe; le 15, il arriva à Lauban, d'où il se porta sur Dresde. A son approche, Loudon se retira à Zittau. Daun fit sauter le château de Sonnenstein et rentra en Bohême. L'armée des Cercles, qui avait marché sur Leipzig, eut diverses rencontres avec les divisions prussiennes que le roi avait envoyées sur Torgau. De part et d'autre les armées entrèrent en quartiers d'hiver. Le 10 décembre le roi quitta Dresde, et arriva le 14 à Breslau. L'armée prussienne, pendant l'hiver, fut cantonnée, savoir : Fouqué, avec vingt-cinq bataillons et trente escadrons, aux environs de Ratibor; Zieten, avec trente-six bataillons et trente-cinq escadrons, à Lœwenberg; seize bataillons et trente escadrons aux environs de Breslau; quarante et un bataillons aux environs de Dresde; trente escadrons aux environs de Leipzig; trois bataillons et trois escadrons en divers postes d'observation; enfin le général Dohna, avec vingt et un bataillons et trente-cinq escadrons, en Poméranie : ce qui donne un total de cent quarante-deux bataillons et cent quatre-vingt-dix escadrons. L'armée autrichienne se cantonna dans les cercles de Saatz, Leitmeritz, Bunzlau, Kœnigingrætz et en Moravie. Le quartier général s'établit à Prague. L'armée des Cercles hiverna en Franconie.

XI. *Onzième observation.* — 1° Le comte de Clermont évacue cent lieues de terrain, dans une saison aussi difficile, avec une armée plus nombreuse, sans donner un coup de sabre, laisse prendre à sa vue une place comme Minden, sans tenter de la secourir; tout cela est peu honorable, non-seulement pour le général, mais même pour les officiers généraux de l'armée; car enfin, si Broglie, Saint-Germain, Chevert, d'Armentières, eussent demandé à se battre, si l'opinion des généraux et des chefs de corps eût été hautement manifestée de faire quelque résistance, de sauver au moins l'honneur des armes, le général n'eût pu s'y refuser.

2° Le duc Ferdinand fit sans doute une brillante campagne; mais elle lui fut si peu disputée, que sa gloire serait petite s'il n'avait d'autres titres plus solides qui prouvent ses talents et son habileté. 1° Son passage du Rhin est contre les règles; il resta plusieurs jours sur la gauche de cette rivière, séparé de deux tiers de son armée. 2° Il eût mieux fait d'assiéger et prendre Wesel, ou d'attaquer et battre Soubise pour l'obliger à repasser sur la rive gauche du Rhin. Il le négligea, de sorte que Soubise marcha en avant : la Hesse tout entière tomba sans combat. Le plan du duc était vicieux. Si Chevert avait réussi à s'emparer du pont de Rees, son armée eût été perdue; et Chevert eût réussi, si le maréchal de Contades l'eût détaché, non avec 7 ou 8,000 hommes, mais avec 18 ou 20,000 hommes. Nous en parlons ici en nous modelant sur les principes d'alors; car, si ce maréchal eût été un grand général, c'est avec toute son armée qu'il eût débouché par quelques marches forcées sur les ponts de son ennemi, et l'eût ainsi coupé de sa retraite. 3° Le plan du duc Ferdinand à la bataille de Krefeld est contre la règle qui dit : « Ne séparez jamais les ailes de votre armée les unes des autres, de manière que votre ennemi se puisse placer dans les intervalles. » Il a divisé sa ligne de bataille en trois parties séparées entre elles par des vides, des défilés; il a tourné toute une armée avec un corps en l'air, non appuyé, qui devait être enveloppé et pris.

Douzième observation. — 1° Le roi de Prusse devait-il, au commencement de la campagne, assiéger Olmütz? Non; s'il l'eût pris, il l'eût évacué deux mois après, ou il eût été obligé d'y laisser une forte garnison, ce qui l'aurait affaibli d'autant. Ce n'était pas à prendre Olmütz qu'il devait employer les mois d'avril, mai et juin, où les Russes étaient éloignés du théâtre de la guerre et lui laissaient du répit, mais à battre Daun, à détruire son armée. Il le pouvait; elle était faible au commencement de la campagne; et, cela fait, il devait, de concert avec le prince Henri, détruire l'armée du duc de Deux-Ponts et s'établir solidement en Bohême.

2° Mais, en supposant que le roi de Prusse eût dû assiéger Olmütz, il fallait encore, pour y réussir, battre l'armée de Daun. Il avait l'exemple de la catastrophe qui lui était arrivée à Prague; mais alors il avait été entraîné au siége de Prague par l'engagement naturel d'un grand succès et par l'espérance de prendre 40,000 hommes, ce qui eût tout terminé. La possession de Prague elle-même était importante, elle lui assurait la possession de la Bohême; mais à quoi bon Olmütz?

3° Le roi veut prendre Olmütz : il surprend par de belles manœuvres le général ennemi, investit la place le 6 mai, et cependant son équipage de siége n'arrive que le 20 : voilà donc quatorze jours de perdus, et qui donnent le temps à Daun de se reconnaître. Il eût fallu que l'équipage de siége fût arrivé deux jours après, et que le 8 il eût ouvert la tranchée.

4° Le roi prétendait donc assiéger Olmütz et maintenir ses communications avec Neisse, sa place de dépôt, éloignée de six marches du siége, devant une armée de secours supérieure en nombre à la sienne, et contre une puissance qui avait une immense quantité de troupes légères? En ce cas, il devait faire des lignes de circonvallation et de contrevallation : les premières l'eussent mis à même de contenir la garnison avec peu de monde; les secondes auraient opposé un obstacle considérable à tous les secours partiels qui eussent voulu entrer dans la place. Il eût pu fortifier ses lignes avec des fossés pleins d'eau, abondante devant cette place.

5° Le roi, 1° n'amena pas avec lui son équipage d'artillerie; 2° calcula son opération sur le besoin de recevoir deux ou trois convois de Neisse, sa place de dépôt, et cependant il ne fit rien, parce qu'il ne pouvait rien faire, pour maintenir ses communications avec cette ville : le chemin est un défilé perpétuel au milieu des montagnes; 3° plaça trois corps d'observation sur la demi-circonférence du côté de la Bohême, de Vienne et du Danube; il ne plaça rien, parce qu'il n'avait rien à placer, sur l'autre moitié de la circonférence. De Neustadt à son camp près de Littau il y avait deux grandes lieues; de son camp de Littau à celui de Prossnitz il y en avait six : c'était donc une demi-circonférence de huit lieues gardée par trois camps de sept bataillons, quinze bataillons et vingt et un bataillons, contre une armée de quatre-vingt-dix bataillons, fraîche, disciplinée, qui n'avait éprouvé aucun échec dans cette campagne, et qui manœuvrait autour de la place. Aussi Daun fit-il tout ce qu'il voulut. Il fit entrer des renforts dans la ville; il plaça 20,000 hommes qu'il maintint pendant quinze à vingt jours sur la ligne de communication du roi, intercepta des convois; et, s'il eût voulu attaquer successivement avec toutes ses forces les camps de Neustadt, de Littau et de Prossnitz, le succès ne pouvait être douteux; il pouvait prendre toute cette armée.

6° Il n'y a que deux moyens d'assurer le siége d'une place : l'un, de commencer par battre l'armée ennemie, l'éloigner du champ d'opération, en jeter les débris au delà de quelque obstacle naturel, tel que des montagnes ou une grosse rivière, placer l'armée d'observation derrière cet obstacle naturel, et pendant ce temps ouvrir la tranchée et prendre la place. Mais, si l'on veut prendre la place devant l'armée de secours, sans risquer une bataille, il faut : être pourvu d'un équipage de siége, avoir ses munitions et ses vivres pour le temps présumé de la durée du siége, former des lignes de contrevallation et de circonvallation, en s'aidant des localités, soit hauteurs, bois, marais, inondations; n'ayant plus alors besoin d'entretenir aucune communication avec les places de dépôt, il n'est plus question que de contenir l'armée de secours; on forme, dans ce cas, une armée d'observation qui ne la perd pas de vue, et qui, lui barrant le chemin de la place, a toujours le temps d'arriver sur ses flancs ou ses derrières, si elle lui dérobait une marche; ou enfin, profitant des lignes de contrevallation, employer une partie du corps assiégeant pour livrer bataille à l'armée de secours.

7° Mais faire les trois choses à la fois : 1° le siége d'une forteresse et en contenir la garnison sans contrevallation; 2° garder ses communications avec des places de dépôt situées à six journées de marche; 3° contenir l'armée de secours sans être aidé d'aucun obstacle naturel ni de lignes de circonvallation : c'est une combinaison fausse, et qui ne peut conduire qu'à des catastrophes, à moins d'avoir des forces doubles de celles de l'ennemi.

8° La retraite du roi, de Bohême, a été nécessitée par la position qu'avait prise Daun et celle qu'occupait Loudon. On ne peut qu'admirer l'exactitude, le sang-froid, avec lesquels s'est opéré ce mouvement; mais si, comme le prétendent les écrivains prussiens, Frédéric ne l'eût fait que pour porter la guerre en Bohême, ce serait une opération fausse. Quand une armée traîne à sa suite un équipage de siége, de grands convois de blessés et de malades, elle ne saurait prendre des chemins trop courts pour se rapprocher le plus promptement de ses dépôts. Mais ici les événements parlent d'eux-mêmes : le roi a levé le siége le 1er juillet, il a mis quatorze jours à arriver à Kœnigingrætz, et six jours après il a commencé sa retraite sur la Silésie; il n'est donc pas vrai qu'il ait voulu porter la guerre en Bohême; il s'est retiré sur Kœnigingrætz parce qu'il ne pouvait pas faire autrement; et, sous ce point de vue, sa conduite est très-louable; mais ce serait donner de fausses notions que de recommander cette conduite obligée comme si elle eût été volontaire.

Treizième observation. — 1° Par les manœuvres des Russes, on voit combien ils étaient encore arriérés dans toutes les opérations militaires. L'extrême lenteur qu'ils mettent dans leurs mouvements est remarquable. Leur ordre de bataille, à la journée de Zorndorf, est un rectangle dont le grand côté a 1,000 toises, ordre barbare et qui paralysait la moitié de leurs forces.

2° Ils furent, pendant toute la bataille, séparés de leurs bagages, placés à Cammin et gardés par 4,000 grenadiers. Le roi de Prusse manœuvrait entre ce camp et leur armée; il a été dit qu'il en avait ignoré l'existence. De fait, s'il l'eût connu, il lui suffisait de s'en emparer pour paralyser toute l'armée russe. Il est impossible cependant qu'il n'en ait pas été instruit le lendemain de la bataille, puisqu'il avait fait un grand nombre de prisonniers; mais alors, dira-t-on, il avait trop souffert pour s'engager dans l'attaque de ce camp, devant l'armée russe qui se ralliait: cela seul eût pu cependant compléter sa victoire et en aurait été le plus beau trophée.

3° Aucun des desseins du roi dans cette journée ne fut exécuté; toutes ses dispositions furent maîtrisées par les événements. Cette bataille n'a été qu'une série d'échauffourées; l'audace, l'intrépidité de Seydlitz, qui fit des miracles, suppléèrent à tout. L'armée prussienne était de 35 à 36,000 hommes; l'armée russe, en ne comptant pas les 4,000 grenadiers détachés à Cammin, était de 40,000 hommes.

4° Le mouvement offensif des Russes sur le flanc gauche de l'armée prussienne, lorsqu'elle manœuvra pour tourner leur droite, était bien entendu; il réussit parfaitement, comme cela sera toujours sur une armée qui fait une marche de flanc; mais ce mouvement aurait dû être fait régulièrement par échelons et en ligne, soutenu par la cavalerie. L'armée russe était alors bien loin d'être assez instruite pour exécuter une pareille manœuvre; aussi fut-elle prise en flanc par la cavalerie prussienne.

Quatorzième observation. — 1° Le maréchal Daun perdit l'occasion de détruire l'armée prussienne lorsqu'elle était embarrassée d'un siége et disséminée pour le protéger.

2° Il laisse faire au roi de Prusse, embarrassé de cinq cents voitures, sa retraite tranquillement et aussi lentement qu'il le veut. Croyait-il donc difficile de déborder le roi par des marches parallèles, et de le prévenir en se mettant en bataille sur de beaux mamelons, comme ce pays en offre tant, à cheval sur la route; ce qui l'eût obligé à abandonner son convoi pour forcer de marche, ou à livrer une bataille dans une position telle, que, la perdant ou n'ayant qu'un demi-succès, son armée était ruinée?

3° Le roi de Prusse quitte la Bohême le 26 juillet et arrive devant Dresde le 25 septembre; voilà donc quarante-cinq jours où Daun est maître absolu de faire tout ce qu'il veut. De Kœnigingrætz il pouvait, en cinq ou six marches, arriver sur Pirna, par l'intérieur de la Bohême, et, réuni au duc de Deux-Ponts, battre le prince Henri et prendre Dresde, ou bien marcher contre le margrave Charles et détruire son armée; il ne fit rien.

4° Après la grande victoire de Hochkirch, où le roi est sans artillerie, l'ayant toute perdue, Daun laisse son ennemi se rallier et reste dix jours en position à deux lieues de lui.

5° Enfin, lorsque le roi va en Silésie, il ne le suit pas; il se rend devant Dresde à contre-temps; il ne peut y rien faire, puisqu'il n'a pas d'équipage de siége, et d'ailleurs il y est inutile, puisque l'armée du duc de Deux-Ponts est plus que suffisante pour bloquer et assiéger cette place. La marche de Daun en Silésie, sur les derrières du roi, eût intercepté toutes ses communications avec la Saxe, et eût fait plus contre Dresde que ne pouvait faire la présence de son armée sous les remparts de cette ville. Dans sa marche en Silésie, il aurait toujours eu la Bohême sur son flanc droit, et par là se fût trouvé constamment en communication avec son pays. Les Russes n'étaient pas éloignés : ce mouvement, qui portait la guerre sur l'Oder, eût pu les décider à venir se placer sur sa gauche. Dix ou douze jours n'avaient pas pu remettre le moral de l'armée prussienne du grand échec qu'elle avait essuyé à Hochkirch; et, si Daun l'eût poussée l'épée dans les reins, en la suivant en Silésie, c'eût été le vainqueur qui eût poussé le vaincu; l'effet moral de Hochkirch eût combattu pour lui.

Quinzième observation. — 1° Le roi ne pouvait pas camper à Hochkirch sans être maître du Hochkirchberg. Aucun adjudant de régiment n'eût négligé cette précaution et n'eût fait camper son bataillon sur un terrain dominé par les batteries de l'ennemi. Il n'est pas concevable qu'il se soit obstiné à rester six jours dans ce camp, toutes les hauteurs appartenant à l'ennemi, Loudon étant sur ses derrières, et tous les taillis, jusqu'à 300 toises de sa droite, étant occupés par les tirailleurs de Daun, dont les batteries pouvaient jeter de la mitraille dans ses tentes. Le roi n'osait pas attaquer les hauteurs de Hochkirch, parce qu'elles étaient soutenues par toute l'armée autrichienne; il devait donc prendre un autre camp.

2° Si le duc d'Arenberg eût attaqué à six heures du matin et plus vivement, le roi eût éprouvé un plus grand désastre encore.

3° Si Daun eût poursuivi ses premiers succès avec plus d'audace, le roi ne se serait pas rallié; il méritait de perdre toute son armée. La perte de ses bagages, de ses tentes, de deux cents pièces de canon et de l'élite de ses troupes, fut moins grande que la faute militaire qu'il commit en campant à Hochkirch; on doit attribuer à sa bonne fortune tout ce qu'il sauva.

4° On ne peut trouver aucun motif pour justifier sa conduite; puisqu'il a tendu son camp à la vue de Daun en bataille, il n'a rien pu ignorer de la position qu'il occupait.

5° Il faut s'étonner que Daun ne l'ait pas attaqué dans la nuit du 10 au 11, et ait attendu quatre jours pour livrer bataille; ne devait-il pas craindre que le roi ne se ravisât? Comment, en effet, pouvoir espérer qu'il resterait plusieurs jours dans une aussi étrange position?

CHAPITRE V.

CAMPAGNE DE 1759.

I. Opérations des armées française et hanovrienne; bataille de Bergen (13 avril); bataille de Minden (1er août). — II. Opérations en Silésie et en Saxe pendant avril, mai, juin et juillet. — III. Opérations des Russes; combat de Kay (23 juillet); bataille de Kunersdorf (12 août). — IV. Opérations en Saxe et en Silésie pendant et après la bataille de Kunersdorf; capitulation de Maxen (21 novembre); quartiers d'hiver. — V. Observations.

I. Les deux armées françaises du bas Rhin et du Main restèrent cantonnées pendant l'hiver : la première, sur la rive gauche du Rhin, dans le pays de Clèves et de Cologne; la deuxième, sur la rive droite, dans la vallée du Main. Le maréchal de Contades, commandant l'armée du Rhin, avait la direction supérieure des deux armées; son quartier général était à Wesel. Le duc de Broglie succéda au prince de Soubise dans le commandement du Main. L'ennemi occupait une position centrale sur la rive droite du Rhin. L'armistice conclu par les deux parties belligérantes, pour être tranquilles dans leurs quartiers d'hiver, expira le 16 mars.

Le 24, le duc Ferdinand réunit son armée et se porta sur Cassel pour manœuvrer contre l'armée du Main. Il laissa le général Spœrken avec un corps d'observation sur la droite du bas Rhin, et le 30 il campa à Fulda, où il séjourna jusqu'au 10 avril; ce qui donna le temps au duc de Broglie de se concentrer sur la position de Bergen, que les ingénieurs français avaient fortement retranchée, et qui est située sur la chaussée de la Hesse, à trois lieues en avant de Francfort. Le duc Ferdinand campa le 12 avril à Windecken, à portée de l'armée française, qui était rangée, la droite à un ruisseau, le centre à Bergen, la gauche au village de Vilbel, sur la route de Francfort. Le 13 avril, avant le jour, le duc Ferdinand se mit en marche sur cinq colonnes : il attaqua le centre au bourg de Bergen avec la plus grande intrépidité, dans le temps que le prince héréditaire de Brunswick longeait avec la gauche le ruisseau pour tourner la droite française. Ses forces étaient bien supérieures, mais la position de Bergen était inexpugnable : il fut repoussé, perdit 5 ou 6,000 hommes, et regagna le soir son camp de Windecken. C'était la première fois de cette guerre que les armées françaises obtenaient enfin un succès de quelque importance; la sensation en fut vive dans toute la France; on vit dans Broglie un Turenne naissant; il fut fait maréchal de France. Cette bataille est son principal fait d'armes.

Cependant le maréchal de Contades était accouru de Paris à son quartier général, avait fait lever ses cantonnements, et, convaincu, par l'expérience de la campagne précédente, des inconvénients attachés à une double ligne d'opération, il passa le Rhin et se réunit, à Giessen, le 3 juin, à l'armée du Main, par des mouvements en arrière et sur le terrain occupé par ses troupes. Il avait cent vingt-six bataillons et cent vingt-cinq escadrons. Le 8 il campa à Sachsenberg, le 10 à Korbach, le 13 sur la Diemel, qu'il passa le 14. La réserve, sous les ordres du duc de Broglie, campa le 11 à Cassel et le 15 à Warburg. De sa personne, il campa le 4 juillet à Bielefeld. Le 6 il fit investir Münster par le lieutenant général d'Armentières; le 8 il campa à Herford. Le 9 le duc de Broglie s'empara, par un coup de main vigoureux, de la place forte de Minden, et fit 1,200 prisonniers. Le 14 toute l'armée campa sur la rive gauche du Weser, la droite à Minden et la gauche à Haddenhausen. Le lieutenant général Saint-Germain cerna Hameln. Le duc Ferdinand, qui s'était mis en retraite aussitôt qu'il avait appris le mouvement du maréchal de Contades, campa le 12 juin à Soest, le 14 à Büren, le 30 à Marienfeld, et le 7 juillet à Osnabrück. La grande supériorité des forces de l'armée française lui était démontrée; cependant il se décida à donner une bataille. Il se porta à Stolzenau, sur le Weser, y jeta un pont et fit mine de vouloir passer ce fleuve. Il prit pour centre de ses opérations la place forte de Nienburg, et en arrière fit occuper Bremen. Le 17 il marcha en avant, remontant la rive gauche du Weser. Contades s'empressa de rappeler ses détachements, spécialement la réserve sous le duc de Broglie, qu'il avait envoyée en Hanovre. Le 23 Münster ouvrit ses portes. Les 28, 29 et 30 les deux armées restèrent en présence. Le duc Ferdinand, trouvant la position des Français trop forte, détacha le prince héréditaire avec deux divisions pour en inquiéter les derrières. Le maréchal de Contades résolut d'en profiter pour livrer bataille, et fit ses dispositions dans la nuit du 31 juillet au 1er août. Il chargea le duc de Broglie, avec la droite, d'attaquer et suivre vivement la gauche de l'ennemi, appuyée au Weser : c'était de cette attaque qu'il attendait la victoire. Il plaça sa cavalerie entre sa droite et sa gauche. Ses troupes étaient pleines d'ardeur et de confiance. A la pointe du jour l'armée hanovrienne déboucha sur huit colonnes; à six heures du matin elle était en bataille et parfaitement formée. Dès cinq heures le duc de Broglie commença l'attaque, mais faiblement, et la continua de même. La cavalerie du centre s'avança mal à propos; elle fut attaquée par une nombreuse artillerie et par une forte réserve d'infanterie : elle lâcha pied. Les deux ailes se trouvant isolées, l'ennemi passa entre elles; les Français se tinrent pour battus; ils firent leur retraite et reprirent leur camp de Minden. Le maréchal de Contades, rentré dans ce camp, n'avait rien à redouter; cependant il l'évacua quand il apprit que, le jour même de la bataille, le prince héréditaire avait battu à Gohfeld, à quatre lieues sur les derrières, les détachements que commandait le duc de Brissac. Dès le lendemain il passa le Weser sur les ponts de Minden, et se retira sur Cassel par la rive droite. Peu de jours après, la cour le rappela et confia au maréchal de Broglie le commandement de l'armée.

Le duc Ferdinand occupa tout le pays jusqu'à la Lahn, et fit assiéger Münster, qui se rendit le 21 novembre. A cette époque, un détachement de treize bataillons qu'il envoya au roi de Prusse le mit hors d'état de continuer une campagne active et d'entreprendre rien d'important : les deux armées entrèrent en quartiers d'hiver. La cour de Versailles se divisa entre le parti de Contades et celui de Broglie; le ministère et le public se déclarèrent pour l'un ou l'autre parti. Le détail des fautes des généraux, des officiers et de l'armée fut exposé à nu aux yeux de l'Europe étonnée et accrut l'humiliation et le dépit des Français.

II. Frédéric agit dans cette campagne avec cent quarante et un bataillons et deux cents escadrons, 130,000 hommes. Il eut contre lui l'armée autrichienne, cent dix-huit bataillons et cent quatre-vingt-dix escadrons; l'armée des Cercles, 15,000 hommes, et l'armée russe, de 70,000 hommes. Il lutta donc avec 130,000 hommes contre 180,000; mais cette année, comme les précédentes, ces 180,000 hommes furent de nations différentes, sous des commandants indépendants, agissant isolément sur des points des frontières fort éloignés, et n'ayant aucun accord entre eux. Au commencement des hostilités, les armées du roi étaient ainsi disposées : en Silésie, sous ses ordres immédiats, soixante et douze bataillons et cent huit escadrons, dont dix-huit bataillons et vingt escadrons sous le général Fouqué, dans la haute Silésie; en Saxe, le prince Henri, avec quarante-trois bataillons et soixante escadrons; en Poméranie, le général Dohna, en observation devant les Suédois et les Russes, avec vingt-six bataillons et trente-cinq escadrons.

Le maréchal Daun, commandant l'armée autrichienne, campait sur la frontière de la Silésie avec ses principales forces. Le duc de Deux-Ponts, avec l'armée des Cercles et deux divisions autrichiennes, était en Bohême et en Saxe. Les Russes se préparaient à faire une campagne active, et paraissaient plus animés que dans les précédentes. D'après le plan concerté entre les cours de Vienne et de Saint-Pétersbourg, leurs armées devaient se réunir sur l'Oder et opérer en masse; mais l'armée russe ne pouvait y arriver qu'en juillet.

Pendant avril, mai, juin et juillet, les armées du roi occupèrent divers camps et firent des manœuvres secondaires, sans rien entreprendre de sérieux. Il fit un détachement en Moravie, du côté d'Olmütz, pour enlever un magasin, qui fut évacué à temps. Il en fit un autre sur Posen, pour détruire les approvisionnements qu'on y avait réunis pour les Russes : il réussit. De son côté, le prince Henri fit une excursion en Bohême, entama plusieurs colonnes ennemies, fit 1,800 prisonniers et brûla 30,000 barils de farine; mais il échoua dans tout ce qu'il tenta pour attirer l'armée des Cercles dans une affaire générale : il se présenta inutilement devant plusieurs de ses camps, entre autres devant celui de Münchberg;

toujours elle les évacua à son approche. Enfin, le 3 juin, il détacha le général Hülsen avec dix bataillons et vingt escadrons pour renforcer, sur la droite de l'Oder, l'armée de Dohna.

Le 28 juin le maréchal Daun, ayant avis de l'approche des Russes, leva son camp de Schurz et s'avança sur l'Oder, en suivant la Queis, dans le but de favoriser le mouvement de Soltikof et de le renforcer du corps de Loudon, de 15,000 hommes, la plupart cavalerie, et de celui de Hadik, de 19,000 hommes. Le 13 juillet il campa à Priebus, à mi-chemin de la Bohême à l'Oder. Le prince Henri campait à Bautzen, et le roi à Schmottseifen, près de Greifenberg. Le 24 juillet le corps d'observation de Poméranie fut battu à Kay par les Russes. Le roi prit alors le commandement de l'armée de Saxe, et le prince Henri celui de l'armée de Silésie.

III. Le 10 avril le général Dohna avait quitté le blocus de Stralsund, en y laissant le général Kleist avec six bataillons et sept escadrons. Il s'était campé le 26 mai à Stargard, et le 12 juin à Landsberg, sur la Warta. Dans ce temps, le général Soltikof, qui commandait l'armée russe, passa la Vistule à Thorn le 12 mai, arriva à Posen dans les premiers jours de juin, et manœuvra pour couper à Dohna le chemin de la Silésie et s'approcher de l'Oder. Plusieurs fois dans sa marche il lui prêta le flanc; mais Dohna refusa d'en profiter. Le roi, mécontent, le remplaça par le général Wedell. Le 23 juillet Wedell attaqua Soltikof, près de Kay, pour s'opposer à sa jonction avec Loudon; il fut repoussé, perdit 6,000 hommes, repassa l'Oder et campa à Sawade. La perte des Russes fut égale; le seul avantage qu'ils retirèrent de leur victoire fut d'occuper Krossen le 25, où ils furent joints le 3 août par Loudon. Le roi, après avoir recueilli à Sorau les débris de Wedell, se porta sur l'armée russe. Il repassa l'Oder dans la nuit du 10 au 11 août, près de Briesen, y laissa neuf bataillons et sept escadrons pour la défense de ses ponts et bagages, et avec cinquante-trois bataillons et quatre-vingt-quatre escadrons, 40 à 45,000 hommes, il prit position, la droite à Trettin, la gauche à Bischofssee. L'armée russe, ainsi renforcée du corps de Loudon, était en position sur la rive droite de l'Oder, près de Francfort, sa ligne de bataille parallèle au fleuve.

Aussitôt que Soltikof eut connaissance de l'armée prussienne et de la position qu'elle venait de prendre, il changea son ordre de bataille, plaça sa droite à l'Oder, à cent toises de Francfort, et sa gauche au Mühlberg, qu'il couvrit de retranchements. Le 12, à la pointe du jour, le roi se mit en mouvement, marchant par lignes et par le flanc gauche; il fut arrêté par des marais et des chemins impraticables. Ayant reconnu la nouvelle position de l'ennemi, il fit attaquer la hauteur de Kleitsberg par sa gauche et son centre, s'en empara, fit grand nombre de prisonniers et prit soixante et dix pièces de canon. Les Russes se retirèrent derrière le Kuhgrund et s'y retranchèrent; toute l'artillerie de leur droite fut assemblée sur ce point, leur dernier rempart. Loudon y accourut. Le roi fit de vains efforts pour forcer le passage du ravin; il y perdit l'élite de ses troupes. Le fameux Seydlitz fit une charge à contre-temps en tournant les étangs; il y fut blessé, sa cavalerie ramenée en désordre, et la bataille perdue. Le roi eut la moitié de ses troupes hors de combat, en tués, blessés ou prisonniers; il laissa cent soixante-cinq pièces de canon au pouvoir du vainqueur. La perte des Russes fut égale, il est vrai, mais ils étaient beaucoup plus nombreux; elle fut moins sensible pour eux. Les neuf bataillons laissés à Briesen, qui s'étaient emparés de Francfort, l'évacuèrent le soir même, lorsque l'armée repassa l'Oder et rompit ses ponts. Le 16 elle campa à Madlitz; le 18 elle prit position à Fürstenwalde, pour couvrir la capitale, et le roi appela à lui le corps de Kleist, qui était en Poméranie. L'arsenal de Berlin répara ses pertes en matériel d'artillerie; en peu de jours son armée fut portée à 30,000 hommes. Le général russe passa l'Oder le 16, et fut rejoint par le corps de Hadik.

IV. Pendant que la principale armée prussienne marchait contre les Russes, la Saxe était abandonnée aux seules garnisons de Dresde, de Wittenberg et de Torgau. Elle fut envahie par l'armée des Cercles, commandée par le duc de Deux-Ponts, qui s'empara le 6 août de Leipzig, le 8 de Torgau. Le colonel prussien Wolfersdorf, commandant cette place, l'évacua après une vigoureuse résistance, et se retira sur Potsdam. Le 20, Wittenberg ouvrit ses portes; la garnison se retira également sur Potsdam. Le 28, le général Maguire, détaché avec 15,000 hommes de la grande armée de Daun pour renforcer le duc de Deux-Ponts, attaqua le faubourg de Dresde, au moment même où ce prince entrait à Meissen: il fut repoussé. Le comte Schmettau avait les moyens de la défendre, et il est probable qu'il l'eût conservée à la Prusse; mais, dans les premiers moments de consternation des désastres de Kunersdorf, le roi lui avait écrit de ne compter sur aucun secours, de ne songer qu'à ménager ses troupes et à lui ramener, par une bonne capitulation, le trésor de 20 millions qu'il avait sous sa garde et qui lui était si important dans la crise du moment. Le 3 septembre il capitula et sortit de la place. Cependant, le 21 août, le général Wunsch partit de Potsdam avec un petit corps de neuf bataillons et huit escadrons, qu'il avait ordre de mener au comte de Schmettau; les 27 et 31 il s'empara de Wittenberg et de Torgau, où il fut obligé de séjourner trois jours pour attendre l'artillerie, qui lui arriva de Magdeburg le 2 septembre. Le 3 il partit et continua sa marche, et campa le 5 à Grossenhayn; mais il y apprit que la capitulation de Dresde était signée, que la place était rendue. Wunsch, au désespoir, se vengea sur le corps de Maguire, qu'il défit entièrement, et retourna à Torgau. Frédéric perdit Dresde pour toujours.

Aussitôt que Daun eut connaissance de la victoire de Kunersdorf, il marcha sur Triebel pour se rapprocher des Russes. La position du roi était critique; mais ceux-ci se plaignirent amèrement d'avoir gagné deux batailles sanglantes, perdu la moitié de leur armée, tandis que les Autrichiens, pour qui l'on se battait, n'avaient point encore tiré l'épée.

D'un autre côté, le prince Henri se mit en marche le 18 août, dès qu'il apprit la perte de la bataille, pour mener au roi les 50,000 hommes qu'il avait en Silésie. Il campa le 29 à Sagan, sur la ligne de communication de Daun, derrière la Neisse, d'où, après la prise de Dresde, il se porta en Saxe, et le 13 septembre à Bautzen. Soltikof, mécontent de cette marche divergente, se dirigea de son côté sur l'Oder. Le 17 le roi suivit Daun, se porta à Kottbus, le prince Henri à Gœrlitz; ses deux armées séparaient ainsi les armées autrichiennes de l'armée russe. Le roi, ayant appris à Kottbus que Soltikof voulait faire le siége de Glogau, marcha pour l'attaquer, fit diverses manœuvres qui l'occupèrent tout septembre et partie d'octobre et empêcha les Russes d'effectuer leur projet. Le 24 octobre, ils se retirèrent sur la Vistule; mais le roi tomba malade, se fit transporter à Glogau et disloqua son armée. Il envoya le général Hülsen, avec dix-neuf bataillons et trente escadrons, au prince Henri, chargea le comte de Schmettau, avec neuf bataillons et vingt escadrons, d'observer Loudon, et envoya des renforts à Fouqué en Silésie.

Le prince Henri s'était porté le 4 octobre à Strehla, et avait fait sa jonction avec le corps du général Finck; ce qui lui avait complété soixante-neuf bataillons et cent trois escadrons, avec lesquels il contenait l'armée autrichienne, forte de soixante et quatorze bataillons et soixante et seize escadrons, qui était en Saxe appuyée sur Dresde. Le conseil aulique ordonna à Daun de l'attaquer; mais, selon son ordinaire, ce général se perdit en marches, manœuvres et contre-manœuvres. Il voulut, par un mouvement combiné avec l'armée des Cercles, investir Torgau, où le prince Henri avait pris position : il échoua, et se retira sur Dresde lorsqu'il apprit le départ de l'armée russe et la marche du détachement considérable qu'amenait à Torgau le général Hülsen. L'armée prussienne suivit son mouvement. Sur ces entrefaites, le roi prit le commandement de son armée sous Dresde. Le 14 novembre au matin, Daun ayant levé son camp de Wilsdruf, il en conjectura qu'il allait prendre ses quartiers d'hiver en Bohême, et ordonna au général Finck de se porter à Maxen avec dix-huit bataillons et trente-cinq escadrons (18,000 hommes), et de lui couper les défilés de la Bohême. Finck coucha le 16 à Dippoldiswalda, le 17 à Maxen. Le mouvement d'un corps aussi considérable inquiéta le général autrichien; il prit position à Plauen, sous Dresde, plaça le corps du général Sincère sur les hauteurs de Hähnichen, et fit prendre position à l'armée des Cercles au village de Giesshübel. Le roi campa le 18 sur Wilsdruf; ce même jour Daun porta à 30,000 hommes le corps du général Sincère. Le 19 ce général marcha sur Dippoldiswalda;

le 20 il cernait entièrement le général Finck. Après un combat très-vif, il le força à capituler. Le général Wunsch avait réussi, dans la nuit du 21, à se faire jour avec sa cavalerie; mais, compris dans la capitulation, il fut obligé de revenir. Les Prussiens eurent 3,000 hommes tués ou blessés, et 5,000 hommes posèrent les armes; drapeaux, canons, tout fut pris. Finck fut depuis traduit devant un conseil de guerre, cassé de toutes ses dignités militaires et condamné à deux ans de prison. Quelques jours après, l'armée autrichienne surprit trois bataillons près de Meissen. Après ces glorieux exploits, elle prit ses quartiers d'hiver autour de Dresde; l'armée des Cercles eut les siens en Franconie. Le roi se cantonna à cheval sur l'Elbe, vis-à-vis de l'armée autrichienne; il fit construire des baraques de planches.

V. *Seizième observation.* — 1° Le plan du maréchal de Contades dans cette campagne était bon et conforme à tous les principes de la guerre, qu'il paraît que cet officier général avait entrevus. Cependant il échoua avec 100,000 hommes d'excellentes troupes contre 70,000 hommes de contingent, parce qu'il était sans énergie, qu'il n'y avait aucun accord entre les généraux, et que son quartier général était, comme la cour de Versailles, en proie aux plus petites intrigues.

2° Il offrit la bataille après l'avoir refusée, il en détermina le moment; cependant il combattit sans s'être fait rejoindre par tous ses détachements. Il devait lever tous les siéges et attaquer avec toutes ses forces réunies le duc Ferdinand, qui avait fait la faute de s'affaiblir de deux divisions. Cette simple combinaison lui eût probablement donné la victoire.

3° Il fatigua ses troupes toute la nuit du 31 juillet et une partie de la matinée du 1er août pour prendre sa ligne de bataille, ce que de nos jours des armées doubles et triples font en deux heures avec tant de rapidité.

4° Puisqu'il faisait sa principale attaque avec sa droite, il devait la diriger en personne et y employer le double de troupes, et ne pas la confier au duc de Broglie, dont il connaissait le caractère.

5° Il se tint le jour de la bataille aux dispositions qu'il avait faites la veille dans un ordre du jour de cinq ou six pages, ce qui est le cachet de la médiocrité. L'armée une fois rangée en bataille, le général en chef doit, à la pointe du jour, reconnaître la position de l'ennemi, ses mouvements de la nuit, et sur ces données former son plan, expédier ses ordres, diriger ses colonnes.

6° À la pointe du jour, le duc de Broglie, chargé de l'attaque décisive, prétendit que l'ordre qui lui avait été expédié la veille n'était pas exécutable, que l'ennemi s'était renforcé; il engagea une légère canonnade, se rendit auprès du maréchal de Contades, et les heures s'écoulèrent en vaines discussions; ce qui donna le temps au duc Ferdinand de renforcer réellement sa gauche, qui eût été écrasée si le duc de Broglie avait sincèrement exécuté son ordre. Ce général fut coupable; il était mal disposé et jaloux de son chef.

7° La position de la cavalerie française au centre de la bataille, sans avoir d'artillerie, était vicieuse, puisque la cavalerie ne rend pas de feu et ne peut se battre qu'à l'arme blanche; aussi l'artillerie et l'infanterie ennemies purent-elles la canonner et la fusiller tout à leur aise sans qu'elle pût rien répondre. Depuis la création de l'artillerie à cheval, la cavalerie a aussi ses batteries. L'artillerie est plus nécessaire à la cavalerie qu'à l'infanterie même, soit qu'elle reste en position, soit qu'elle se rallie.

8° Ni le succès de l'ennemi ni les pertes qu'avait éprouvées l'armée française n'étaient de nature à obliger le maréchal de Contades à évacuer son camp de Minden. Si le duc Ferdinand eût voulu forcer ce camp, il eût été repoussé.

9° L'échec éprouvé par le duc de Brissac n'était pas non plus de nature à influer sur la position de l'armée. Le maréchal de Contades pouvait renforcer ce détachement par les corps employés aux divers siéges. Il perdit la tête, quitta son camp, repassa le Weser et se retira en toute hâte. À force de disserter, de faire de l'esprit, de tenir des conseils, il arrivait aux armées françaises de ce temps ce qui est arrivé dans tous les siècles en suivant une pareille marche : c'est de finir par prendre le plus mauvais parti, qui presque toujours à la guerre est le plus pusillanime, ou, si l'on veut, le plus prudent. La vraie sagesse pour un général est dans une détermination énergique.

10° Au commencement d'une campagne, il faut bien méditer si l'on doit ou non s'avancer; mais, quand on a effectué l'offensive, il faut la soutenir jusqu'à la dernière extrémité : car, indépendamment de l'honneur des armes et du moral de l'armée, que l'on perd dans une retraite, du courage que l'on donne à son ennemi, les retraites sont plus désastreuses, coûtent plus d'hommes et de matériel que les affaires les plus sanglantes, avec cette différence que dans une bataille l'ennemi perd à peu près autant que vous, tandis que dans une retraite vous perdez sans qu'il perde. Avec le nombre d'hommes qu'a coûté à la France la retraite sur la Lahn, le maréchal de Contades eût pu suffire à une seconde bataille au camp de Minden, à une autre sur la rive droite du Weser, avant de battre en retraite; il aurait eu de nouvelles chances de succès, et il aurait fait partager ses pertes à l'armée ennemie.

Dix-septième observation. — Le duc Ferdinand fit un détachement considérable avant la bataille de Minden : ce fut une faute qui devait la lui faire perdre; mais, comme il a été victorieux malgré cette faute, on ne lui en a pas tenu compte. On a prétendu, au contraire, qu'il s'était affaibli pour se rendre plus fort. Cette flatterie est ingénieuse, mais elle est fausse; et les mêmes flatteurs l'eussent relevée avec amertume, avec raison, s'il eût perdu la bataille.

Règle générale : « Quand vous voulez livrer une bataille, rassemblez toutes vos forces, n'en négligez aucune; un bataillon quelquefois décide d'une journée. »

Dix-huitième observation. — 1° Pendant les mois d'avril, mai, juin et juillet, les Russes étaient à cent lieues du champ d'opération. Les armées du roi auraient pu entamer le maréchal Daun, le contraindre à une bataille et le mettre hors d'état de rien entreprendre le reste de la campagne. Le roi ne fit rien.

2° Pendant le mois de juillet et partie d'août, Daun a manœuvré en Silésie dans le temps que les Russes étaient encore loin sur la droite de l'Oder. Les armées prussiennes étaient entre eux; Frédéric n'a pas su profiter de cet avantage et engager Daun, en l'attaquant avec ses deux armées par un mouvement combiné.

3° Il avait trop peu de monde à la bataille de Kunersdorf. Qui l'empêchait d'appeler à lui une vingtaine de mille hommes des 60,000 du prince Henri? Ils l'eussent joint la veille de la bataille et seraient repartis le lendemain de la victoire.

4° Cependant, quoiqu'il fût fort inférieur à l'armée russe, renforcée du corps de Loudon, il laissa neuf bataillons à la garde de son pont et les fit marcher pendant la bataille sur Francfort; ils ne servirent de rien. De pareils détachements sont proscrits par les règles de la guerre.

Dix-neuvième observation. — 1° Le mouvement du corps de Finck sur Maxen, qui a eu une issue si fâcheuse pour le roi, était sans but. Que prétendait-il? Obliger Daun à activer sa retraite en Bohême, en menaçant ses communications par Peterswalde? Mais rien ne devait lui faire penser que Daun voulût aller en Bohême. Il était maître de Dresde; s'il eût évacué la Saxe, il eût exposé cette place importante. Il n'avait d'ailleurs éprouvé aucun échec dans la campagne; son armée était nombreuse; le roi, au contraire, avait été battu par les Russes, il avait perdu Dresde : qui pouvait donc le porter à penser que Daun voulût évacuer la Saxe? Mais, même dans ce cas, celui-ci n'était-il pas maître de la rive droite de l'Elbe, pour se retirer en Bohême s'il le jugeait convenable?

L'échec de Maxen est le plus considérable qu'ait essuyé ce grand capitaine, et c'est la faute la moins pardonnable qu'il ait faite. Plus on connaît les localités, plus on réfléchit sur la situation des deux armées, et plus on sent que ce mouvement ne pouvait conduire qu'à une catastrophe. Le général Finck a été jeté avec 18,000 hommes au milieu de toute l'armée autrichienne, étant séparé du gros de son armée par plusieurs marches, dans un pays de montagnes et de défilés. Les mémoires du temps disent qu'avant d'exécuter son ordre il en représenta le danger au roi, mais que ce prince ne voulut pas l'écouter.

2° Ici se présente une question de la plus haute importance. Les lois de la guerre, les principes de la guerre, autorisent-ils un général à ordonner à ses soldats de poser les armes, de les rendre à leurs ennemis, et à constituer tout un corps prisonnier de guerre? Cette question ne fait pas un doute pour la garnison d'une place de guerre. Mais le gouverneur d'une place est dans une catégorie à part. Les lois de toutes les nations l'autorisent à poser les armes lorsqu'il manque de vivres, que les défenses de sa place sont ruinées, et qu'il a soutenu plusieurs assauts. En effet, une place est une machine de guerre qui forme un tout, qui a un rôle, une destination prescrite, déterminée et connue. Un petit nombre d'hommes, protégés par cette fortification, se défendent, arrêtent l'ennemi et conservent le dépôt qui leur est confié contre les attaques d'un grand nombre d'hommes. Mais, lorsque ces fortifications sont détruites, qu'elles n'offrent plus de protection à la garnison, il est juste, raisonnable, d'autoriser le commandant à faire ce qu'il juge le plus propre à l'intérêt de sa troupe. Une conduite contraire serait sans but et aurait, en outre, l'inconvénient d'exposer la population de toute une cité, vieillards, femmes et enfants. Au moment où une place est investie, le prince et le général en chef, chargés de la défense de cette frontière, savent que cette place ne peut protéger la garnison et arrêter l'ennemi qu'un certain temps, et que, ce temps écoulé, les défenses détruites, la garnison posera les armes. Tous les peuples civilisés ont été d'accord sur cet objet, et il n'y a jamais eu de discussion que sur le plus ou le moins de défense qu'a fait un gouverneur avant de capituler. Il est vrai qu'il est des généraux, Villars est de ce nombre, qui pensent qu'un gouverneur doit ne jamais se rendre, mais, à la dernière extrémité, faire sauter les fortifications et se faire jour, de nuit, au travers de l'armée assiégeante: ou, dans le cas que la première de ces deux choses ne soit pas faisable, sortir du moins avec sa garnison et sauver ses hommes. Les gouverneurs qui ont adopté ce parti ont rejoint leur armée avec les trois quarts de leur garnison.

3° De ce que les lois et la pratique de toutes les nations ont autorisé spécialement les commandants des places fortes à rendre leurs armes en stipulant leurs intérêts, et qu'elles n'ont jamais autorisé aucun général à faire poser les armes à ses soldats dans un autre cas, on peut avancer qu'aucun prince, aucune république, aucune loi militaire ne les y a autorisés. Le souverain ou la patrie commandent à l'officier inférieur et aux soldats l'obéissance envers leur général et leurs supérieurs pour tout ce qui est conforme au bien ou à l'honneur du service. Les armes sont remises au soldat avec le serment militaire de les défendre jusqu'à la mort. Un général a reçu des ordres et des instructions pour employer ses troupes à la défense de la patrie : comment peut-il avoir l'autorité d'ordonner à ses soldats de livrer leurs armes et de recevoir des chaînes?

4° Il n'est presque pas de batailles où quelques compagnies de voltigeurs ou de grenadiers, souvent quelques bataillons, ne soient momentanément cernés dans des maisons, des cimetières ou des bois. Le capitaine ou le chef de bataillon qui, une fois le fait constaté qu'il est cerné, ferait sa capitulation, trahirait son prince et son honneur. Il n'est presque pas de bataille où la conduite tenue dans des circonstances analogues n'ait décidé de la victoire. Or un lieutenant général est à une armée ce qu'un chef de bataillon est à une division. Les capitulations faites par des corps cernés, soit pendant une bataille, soit pendant une campagne active, sont un contrat dont toutes les clauses avantageuses sont en faveur des individus qui contractent, et dont toutes les clauses onéreuses sont pour le prince et les autres soldats de l'armée. Se soustraire au péril pour rendre la position de ses camarades plus dangereuse est évidemment une lâcheté. Un soldat qui dirait à un commandant : « Voilà mon fusil, laissez-moi m'en aller dans mon village, » serait un déserteur en présence de l'ennemi, les lois le condamneraient à mort. Que fait autre chose le général de division, le chef de bataillon, le capitaine qui dit : « Laissez-moi m'en aller chez moi, ou recevez-moi chez vous, et je vous donne mes armes? » Il n'est qu'une manière honorable d'être fait prisonnier de guerre, c'est d'être pris isolément les armes à la main et lorsque l'on ne peut plus s'en servir. C'est ainsi que furent pris François Ier, le roi Jean et tant de braves de toutes les nations. Dans cette manière de rendre les armes, il n'y a pas de conditions, il ne saurait y en avoir avec l'honneur : c'est la vie que l'on reçoit, parce que l'on est dans l'impuissance de l'ôter à son ennemi, qui vous la donne, à charge de représaille, parce qu'ainsi le veut le droit des gens.

5° Les dangers d'autoriser les officiers et les généraux à poser les armes, en vertu d'une capitulation particulière, dans une autre position que celle où ils formaient la garnison d'une place forte, sont incontestables. C'est détruire l'esprit militaire d'une nation, en affaiblir l'honneur, que d'ouvrir cette porte aux lâches, aux hommes timides, ou même aux braves égarés. Si les lois militaires prononçaient des peines afflictives et infamantes contre les généraux, officiers et soldats qui posent leurs armes en vertu d'une capitulation, cet expédient ne se présenterait jamais à l'esprit des militaires pour sortir d'un pas fâcheux; il ne leur resterait de ressources que dans la valeur ou l'obstination, et que de choses ne leur a-t-on pas vu faire!

6° Si les vingt-huit bataillons, troupe d'élite, qui posèrent les armes à Hœchstædt, eussent été convaincus qu'ils entachaient leurs noms, flétrissaient leurs familles, encouraient la peine d'être décimés, ils se fussent battus; et, si leur obstination n'eût pas fait changer les destins de la journée, ils eussent certainement regagné l'aile gauche et fait leur retraite. Si l'infanterie bavaroise, qui avait défendu avec gloire le village d'Allerheim à la bataille de Nœrdlingen et avait repoussé les attaques du grand Condé, n'eût pu capituler avec Turenne qu'en attirant sur elle le déshonneur et le châtiment d'être décimée, elle n'eût pas même songé à quitter sa position; une heure plus tard, elle eût reconnu qu'elle n'était pas coupée de Jean de Weerdt; les Bavarois auraient eu le champ de bataille et la victoire; Condé eût ramené peu d'hommes de son armée en deçà du Rhin.

7° Mais que doit donc faire un général qui est cerné par des forces supérieures? Nous ne saurions faire d'autre réponse que celle du vieil Horace. Dans une situation extraordinaire, il faut une résolution extraordinaire; plus la résistance sera opiniâtre, plus on aura de chances d'être secouru ou de percer. Que de choses qui paraissent impossibles ont été faites par des hommes résolus n'ayant plus d'autres ressources que la mort! Plus vous ferez de résistance, plus vous tuerez de monde à l'ennemi, et moins il en aura le jour même ou le lendemain pour se porter contre les autres corps de l'armée. Cette question ne nous paraît pas susceptible d'une autre solution sans perdre l'esprit militaire d'une nation et s'exposer aux plus grands malheurs.

8° La législation doit-elle autoriser un général cerné, loin de son armée, par des forces très-supérieures, et lorsqu'il a soutenu un combat opiniâtre, à disloquer son armée, la nuit, en confiant à chaque individu son propre salut, en indiquant un point de ralliement plus ou moins éloigné? Cette question peut être douteuse; mais toutefois il n'est pas douteux qu'un général qui prendrait un tel parti dans une situation désespérée sauverait les trois quarts de son monde, et, ce qui est plus précieux que les hommes, il se sauverait du déshonneur de remettre ses armes et ses drapeaux par le résultat d'un contrat qui stipule des avantages pour les individus au détriment de l'armée et de la patrie.

9° Dans la capitulation de Maxen, il y a une circonstance fort singulière. Le général Wunsch, avec la cavalerie, s'était, à la pointe du jour, ouvert le passage; une des conditions de la capitulation fut qu'il reviendrait au camp poser ses armes; ce général eut la simplicité d'obéir à l'ordre que lui donna le général Finck : ce fut un malentendu de l'obéissance militaire; un général au pouvoir de l'ennemi n'a plus d'ordres à donner; celui qui lui obéit est criminel. On ne peut pas s'empêcher de dire ici que, puisque Wunsch avec un gros corps de cavalerie avait percé, l'infanterie pouvait percer aussi; car, dans un pays de montagnes comme Maxen, elle avait plus de facilité de s'échapper la nuit que la cavalerie.

Les Romains désavouèrent la capitulation faite avec les Samnites; ils refusèrent d'échanger les prisonniers, de les racheter. Ce peuple avait l'instinct de tout ce qui est grand : ce n'est pas sans raison qu'il a conquis le monde.

CHAPITRE VI.

CAMPAGNE DE 1760.

I. Opérations des armées française et hanovrienne; combat de Korbach (8 juillet); combat d'Amœneburg (16 juillet); combat d'Ossendorf (31 juillet); combat de Klosterkamp (16 octobre). — II. Opérations en Saxe et en Silésie pendant avril, mai, juin et juillet; capitulation du camp de Landeshut (23 juin); prise de Glatz (25 juillet). — III. Opérations en Saxe et en Silésie pendant août, septembre et octobre; bataille de Liegnitz (15 août). — IV. Opérations des Russes; occupation de Berlin (3 octobre). — V. Opérations en Saxe pendant l'arrière-saison; bataille de Torgau (4 novembre). — VI. Observations.

I. La grande armée française, forte de 90,000 hommes, hiverna sur le Main, sous les ordres du maréchal duc de Broglie, et celle du comte de Saint-Germain, forte de 30,000 hommes, sur le bas Rhin. L'armée du duc Ferdinand, qui leur était opposée, était de 70,000 hommes. Le 16 juin, le comte de Saint-Germain passa sur la rive droite du Rhin et se porta à Dortmund, le duc de Broglie à Homburg et à Neustadt. Les deux armées françaises firent leur jonction le 8 juillet, aux environs de Fritzlar. Le prince héréditaire de Brunswick attaqua, près de Korbach, le comte de Saint-Germain, qu'il croyait seul; mais ce corps fut soutenu par six brigades de l'armée du maréchal de Broglie; le prince héréditaire fut battu et perdit quinze pièces de canon. Le 16 juillet il prit sa revanche au combat d'Emsdorf; il surprit la brigade française de Glaubitz, à laquelle il fit 2,800 prisonniers. Le 30 juillet le duc de Broglie porta son quartier général à Cassel. Saint-Germain fut remplacé par le général du Muy. Le duc Ferdinand profita de ce que le corps de ce général se trouvait à deux marches de Cassel, sur la gauche du Weser, et hors de portée d'être soutenu par la grande armée, pour le battre. Au combat d'Ossendorf, du Muy perdit douze pièces de canon et 4,000 hommes.

Le mois d'août se passa en observation. En septembre le comte de Broglie occupa Gœttingen, qu'il fit fortifier. Le duc Ferdinand campa derrière la Diemel, d'où il envoya sur la rive gauche du Rhin 15,000 hommes sous le prince héréditaire; ce détachement arriva à Wesel le 3 octobre, passa le Rhin et se porta sur Clèves. Le lieutenant général de Castries, chargé du commandement de ce pays, réunit 20,000 hommes et marcha à sa rencontre. Le 15 octobre il campa derrière le canal d'Eugène à Kloster-Kamp, où il fut attaqué par le prince héréditaire, qu'il battit. La perte de part et d'autre fut de 2,000 hommes. C'est à ce combat que le chevalier d'Assas signala son dévouement : «A moi, Auvergne! voilà les ennemis!» Les ponts de Rees, sur le Rhin, furent emportés par les hautes eaux. Si M. de Castries eût poussé sa victoire, le prince héréditaire était perdu : mais il se laissa imposer, et le 18 ce prince repassa le fleuve. Les armées prirent leurs quartiers d'hiver. La Hesse, Gœttingen et une partie de la Westphalie servirent aux cantonnements de l'armée française.

II. Les pertes du roi, dans les campagnes précédentes, avaient détruit l'élite de ses troupes; la population de ses états s'épuisait; son armée fut affaiblie. Cette campagne, elle comptait à peine 100,000 hommes; cependant il en forma trois armées : une, sous ses ordres immédiats, hiverna en Saxe, la droite à Freyberg, le centre à Wilsdruf, la gauche à Meissen, ayant un corps détaché sur Gœrlitz; une qui, commandée par le prince Henri, fut cantonnée en Silésie, sur le Bober, et dans les Marches, sur l'Oder; et une, la moins forte de toutes, qui, sous les ordres de Fouqué, occupa le camp de Landeshut. Il plaça en outre de bonnes garnisons dans les dix places de la Silésie, ainsi que dans Kolberg, Küstrin, Stettin, Spandau et Magdeburg. Les cours de Vienne et de Russie firent des efforts extraordinaires; leurs armées furent plus considérables que jamais : Loudon, avec 50,000 hommes, commanda en Silésie; Daun, avec 80,000 hommes, compris l'armée des Cercles, campa sous Dresde, et 60,000 Russes, sous les ordres de Soltikof, se portèrent sur l'Oder.

Le 31 mai Loudon, de Frankenstein, menaça le camp de Landeshut;

que Fouqué évacua pour se porter sur Schweidnitz et Breslau. Le 7 juin il bloqua Glatz; mais, Fouqué ayant reçu l'ordre du roi de revenir à Landeshut, et s'y étant porté le 17 juin avec seize bataillons et quatorze escadrons, Loudon le cerna le 21 avec cinquante-deux bataillons et soixante et quinze escadrons. Le 23, après un combat très-vif, il le rejeta sur le Galgenberg et l'obligea à poser les armes. Le roi perdit ainsi 10,000 officiers et soldats. La perte de Loudon fut de 3,000 hommes tués ou blessés.

En Saxe, le roi fit des marches et des contre-marches pendant une partie de mai et tout juin. Le 12 juillet, après être parvenu à éloigner Daun de Dresde, il cerna cette ville, qui avait 15,000 hommes de garnison; le 18 il la bombarda; mais Daun accourut de Gœrlitz à Bautzen et Bischofswerda, et fit lever le siége sur la rive droite; le 29 le roi le leva également sur la rive gauche, et le 31 il campa à Meissen.

En Silésie, Loudon, après son beau combat de Landeshut, assiégea Glatz; il tira son équipage de siége d'Olmütz; le 25 juillet la place capitula. Cette conquête prématurée fut attribuée aux intelligences qu'il avait dans la ville avec les catholiques. Après ce succès important, il cerna Breslau le 31 juillet.

III. Le roi, ayant appris la prise de Glatz, accourut en Silésie avec soixante-quatre bataillons et cent neuf escadrons, laissant le général Hülsen en Saxe avec dix-neuf bataillons et vingt escadrons; il marcha par Kœnigsbrück, Sagan et Bunzlau, où il arriva le 7 août. Daun suivit parallèlement son mouvement par Bautzen, Reichenbach et Schmottseifen, et se réunit avec Loudon, qui campa à Striegau. Le roi avait fait quarante lieues en cinq jours; il voulait se réunir au prince Henri sous Breslau; il arriva le 9 à Liegnitz. Daun, Loudon et Lacy bordèrent la rive droite de la Katzbach et interceptèrent ses communications avec Breslau et Schweidnitz. Il manœuvra d'abord pour les rouvrir avec Schweidnitz; ayant échoué, il tenta de les rétablir avec Landeshut; il échoua également. Sa position devenait critique; il n'avait plus de pain, il était environné par des forces triples des siennes; il renonça à son projet de se porter sur Breslau, et, le 14 août au soir, il partit de Liegnitz, marchant sur Glogau pour faire des vivres et s'appuyer de cette forteresse.

Cependant Daun avait résolu, ce même jour, de lui livrer bataille, et ordonné à Loudon de passer la Katzbach pendant la nuit de 14 au 15, pour s'emparer des hauteurs de Liegnitz, sur la gauche de cette rivière, dans le temps que lui-même marcherait sur Liegnitz, mettant ainsi l'armée prussienne entre deux feux. A trois heures du matin, le roi, étant arrivé sur les hauteurs de Pfaffendorf, allait prendre position lorsque les grand'gardes furent attaquées par Loudon, qui, croyant n'avoir affaire qu'à des parcs et embarras, les aborda vivement. Frédéric n'engagea que sa droite, formant sa première ligne; cependant à cinq heures la victoire était décidée, et Loudon avait été jeté dans la Katzbach, ayant perdu 10,000 hommes, dont 6,000 prisonniers, et quatre-vingt-six pièces de canon. Daun arriva à Liegnitz à cinq heures du matin, à deux lieues du champ de bataille; il n'entendit pas de canonnade. Lorsqu'il apprit la défaite de Loudon, il fit une demi-marche en arrière. Cet événement, aussi heureux qu'inattendu, ouvrit au roi le chemin de Breslau; il passa la Katzbach à Parchwitz, se rendit à Neumarkt, et opéra sa réunion avec l'armée du prince Henri. Daun occupa le camp de Hohenposeritz. Les armées manœuvrèrent de part et d'autre pendant l'arrière-saison sans qu'il se passât rien d'important jusqu'au moment où elles retournèrent en Saxe.

IV. L'armée russe, commandée par Soltikof, arriva sur la Vistule dans les premiers jours de juin, et le 17 juillet à Posen. Le prince Henri, avec soixante-six bataillons et quatre-vingt-dix-sept escadrons, passa l'Oder et la Warta pour observer son mouvement. Soltikof, après diverses manœuvres, se décida à se porter sur le haut Oder pour faire sa jonction sous Breslau avec Loudon. Le prince Henri le prévint : il repassa à Glogau sur la rive gauche de l'Oder, et marcha sur Breslau, dont, à son approche, Loudon leva le siége et quitta les bords de l'Oder. Le prince Henri repassa alors ce fleuve sur les ponts de Breslau et prit position sur la rive droite, faisant mine d'attaquer Soltikof, qui, ayant manqué son coup, rétrograda, et, après beaucoup d'hésitation, diverses marches et contre-marches, se détermina enfin à se porter sur Berlin, où son avant-garde entra le 3 octobre, et son principal corps le 9. Il fut joint par le corps léger autrichien du général Lacy. Mais il évacua cette capitale dans la crainte d'être tourné par l'armée du roi, qui s'en approchait.

V. Le duc de Deux-Ponts profita du mouvement du roi sur Liegnitz pour s'emparer de Torgau et chasser le général Hülsen de toute la Saxe, où il ne restait plus que Wittenberg aux Prussiens; après quoi il alla prendre ses quartiers d'hiver dans l'empire. Aussitôt que le roi apprit que la Marche était envahie et que Hülsen était chassé de Saxe, il partit de Silésie après avoir jeté six bataillons dans Breslau. Il campa le 7 octobre sous Schweidnitz, le 11 à Sagan, le 14 à Guben, le 16 à Lieberose, le 23 à Wittenberg. Daun le suivit et arriva le 10 à Lœwenberg, le 16 à Milkel sur la Sprée, le 22 vis-à-vis de Torgau; le 29 il reprit son camp de Torgau. Tous les efforts qu'il fit pour rappeler à lui l'armée des Cercles furent infructueux. Les Russes étaient toujours sur l'Oder, leur inclination les portait à aller hiverner au delà de la Vistule; mais ils promirent de prendre leurs quartiers d'hiver sur l'Oder, si les Autrichiens prenaient les leurs à Torgau. On croit que c'est ce qui décida le roi à attaquer Daun, le 3 novembre, dans les fortes positions qu'il occupait.

L'armée autrichienne était de soixante-quatre bataillons et cent quarante et un escadrons; elle était campée à gauche de Torgau, la droite à Süptitz, ayant devant elle un grand étang et le Rohrgraben, ruisseau marécageux. Le roi s'approcha de Torgau par la chaussée de Leipzig, avec soixante-huit bataillons et cent vingt escadrons; il trouva la position de l'ennemi formidable; il projeta d'en tourner la droite pour attaquer à revers. Il divisa son armée en deux corps; il ordonna à Zieten, avec vingt-deux bataillons et cinquante-deux escadrons, de se présenter devant la ligne de Daun, sur les bords du grand étang, menaçant de passer le Rohrgraben, et, avec les deux autres tiers de son armée, il traversa la forêt de Dommitzsch, où il culbuta les grand'gardes autrichiennes, qui prévinrent de sa marche. Daun comprit qu'il allait être attaqué à revers:

il changea de front par une contre-marche, porta sa droite vers Zinna, près de Torgau, et sa gauche du côté de Süptitz.

A une heure après midi le roi déboucha de la forêt, mais seulement avec dix bataillons de grenadiers, quelques escadrons et une batterie de vingt pièces de canon. Au même moment Zieten se déploya, la droite appuyée à l'étang; il fut accueilli par une vive canonnade de la deuxième ligne autrichienne, qui fit face en arrière. Le bruit de cette canonnade alarma le roi; il craignit que Zieten ne fût écrasé; il prit la résolution de ranger ses dix bataillons de grenadiers sur deux lignes, et, sous la protection de ses vingt pièces, d'attaquer la ligne ennemie. Les dix bataillons et les vingt pièces disparurent en un instant sous le feu de toute la ligne de Daun et la mitraille de deux cents pièces. Les brigades des deuxième et troisième lignes donnèrent à mesure qu'elles débouchèrent de la forêt; elles éprouvèrent le même sort. Le duc de Holstein avec sa cavalerie rétablit le combat par une charge brillante; mais le roi n'en fut pas moins obligé de battre en retraite et d'abandonner le champ de bataille. Zieten, entendant le feu s'éloigner, en conclut que le roi avait été battu; il marcha par sa gauche pour tâcher de le joindre; il parvint à gagner le village de Süptitz, à passer l'étang et à se mettre en communication avec cinq bataillons de la réserve du duc de Holstein; ce qui lui forma vingt-huit bataillons frais qui n'avaient pas donné. Le soleil était couché; il s'empara de tout le plateau de Süptitz et occupa le champ de bataille. Le roi, prévenu de cet heureux événement, revint en toute hâte; il réorganisa, pendant la nuit, dix faibles bataillons des débris des quarante qui avaient donné à la bataille.

Cependant Daun, qui avait été blessé, recevait à Torgau les compliments sur sa victoire, lorsque, à neuf heures du soir, il apprit le dernier état des choses. Il ordonna aussitôt la retraite, qui commença à minuit; à la pointe du jour il repassa l'Elbe. La victoire fut ainsi aux Prussiens. Le 4 le général Hülsen occupa Torgau avec dix bataillons et vingt-cinq escadrons. Les Autrichiens perdirent à cette bataille 20,000 hommes, dont 8,000 prisonniers et quarante-cinq pièces de canon. La perte des Prussiens fut de 16,000 hommes, dont 5,000 prisonniers. Le 11 décembre les deux armées prirent leurs quartiers d'hiver en vertu d'une convention qui donna au roi toute la Saxe, à l'exception d'une petite partie des environs de Dresde.

VI. *Vingtième observation.* — La distribution des armées françaises pendant l'hiver, le principal corps sur la rive droite du Rhin, le plus petit sur la rive gauche du bas Rhin, est conforme aux principes.

La première marche ordonnée par le maréchal de Broglie est contre les règles. Le duc Ferdinand pouvait battre facilement le comte de Saint-Germain et le jeter dans le Rhin, puisqu'il était campé seul, éloigné de cinq ou six marches de la grande armée.

Le détachement du prince héréditaire sur Wesel était une fausse opération; ses forces étaient trop peu considérables pour maîtriser les opérations de l'armée française; et cependant c'était un affaiblissement important pour l'armée principale, déjà fort inférieure au maréchal de Broglie. Si celui-ci eût marché vivement, le duc Ferdinand eût éprouvé les conséquences d'une pareille faute, qui devait assurer aux Français la possession de la Westphalie; il devait rejeter l'armée ennemie sur l'Elbe.

Vingt et unième observation. — Le projet du roi, d'assiéger une grande ville comme Dresde, ayant 15,000 hommes de garnison, à la vue d'une armée qui n'avait point encore été battue, et sans profiter des premiers jours de l'investissement pour se couvrir par de fortes et bonnes lignes de circonvallation, a eu l'issue qu'il devait avoir; mais Daun pouvait le lui rendre plus funeste.

L'échec considérable que le roi a reçu à Landeshut est semblable à celui de Maxen. Quelque fort que soit le camp de Landeshut, il ne l'est pas assez pour protéger un corps d'armée contre des forces triples : c'est ce qu'avait jugé Fouqué. Il eût été aussi bien placé sous le canon d'une des places de Silésie qu'à Landeshut. Pendant que Loudon enlevait ainsi 12,000 hommes avec une armée de 36,000 hommes, le prince Henri était à trois marches de là avec 40,000 hommes qui ne faisaient rien. Si Fouqué eût été sous ses ordres et qu'il eût fait partie de son armée, ce prince en eût été plus fort et Fouqué n'aurait éprouvé aucun échec. Le roi a mérité ce malheur. Cela justifie-t-il la capitulation de Fouqué? Non, non, non! Jamais de capitulation en pleine campagne, si vous voulez avoir des soldats et une armée. Une capitulation qui vous sauverait 60,000 hommes ne vaudra pas le tort que fait à l'état la violation de ce principe.

Vingt-deuxième observation. — Toutes les manœuvres du roi, pendant août, autour de Liegnitz, étaient bien périlleuses pour lui : il n'avait aucune base, aucun point d'appui; il était environné par des forces triples des siennes; le hasard seul l'a sauvé. Il n'a dû la victoire sur Loudon qu'à sa fortune; elle le tira de la fâcheuse position où il se trouvait. Il fut ici plus heureux que sage.

Après la bataille de Liegnitz et sa réunion au prince Henri, il eût dû attaquer franchement Daun, le battre, le jeter en Bohême; ce qui lui eût évité la bataille de Torgau et terminé cette campagne.

Vingt-troisième observation. — La conduite de Daun est toujours marquée au même cachet. 1° Il fait lever le siége de Dresde sur la rive droite, et il ne passe pas l'Elbe le même jour pour attaquer vivement le roi et chercher à s'emparer de ses batteries de siége de la rive gauche. 2° A Liegnitz, où il est à la tête de forces si considérables, il isole Loudon sans établir de communications avec lui par un corps intermédiaire, de manière à attaquer de concert et à être instruit toutes les heures de ce qui se passe à sa droite. L'art de la guerre indique qu'il faut tourner et déborder une aile sans séparer l'armée.

Vingt-quatrième observation. — Les Russes, dans cette campagne, ne livrèrent aucune bataille; ils firent des marches et contre-marches sans résultat. Si leur mouvement sur Berlin eût été combiné avec l'armée suédoise, celle des Cercles et l'armée autrichienne, il aurait décidé de la guerre; mais, fait comme il l'a été, il n'était que dangereux. La plus grande animosité existait entre les Russes et les Autrichiens.

Vingt-cinquième observation. — 1° La résolution que prit le roi d'attaquer à revers l'armée de Daun à la bataille de Torgau paraît d'autant plus convenable que, par ce mouvement, sa gauche s'appuyait à l'Elbe et ses derrières sur Wittenberg et Magdeburg; mais le détachement qu'il fit du tiers de ses forces sous Zieten est contraire à tout ce que ce prince a fait dans les autres batailles et aux principes de la guerre. Zieten pouvait être battu isolément, et il paraît que Frédéric le sentait tellement, que c'est cette crainte qui le décida aux attaques isolées, précipitées, qui ruinèrent son armée.

2° Mais cette raison même ne paraît pas suffisante pour le justifier de cette deuxième faute; le caractère de Daun lui était bien connu, et Zieten avait une telle quantité de cavalerie qu'il pouvait toujours opérer sa retraite s'il était attaqué vivement; et, si le roi craignait que Zieten ne s'engageât trop, il était bien évident que, tant que ce général n'entendrait pas sa canonnade, il ne le ferait pas; il devait donc patienter une heure ou deux, attendre l'arrivée de toute son armée avant d'attaquer.

3° Une troisième faute que commit le roi à cette bataille, ce fut de s'obstiner, après la perte de ses divisions de grenadiers, à continuer des attaques partielles et successives contre la ligne ennemie. Il envoyait ainsi ses bataillons à la boucherie à mesure de leur arrivée et sans espérance de succès; au lieu que, s'il les eût réunis, il pouvait les employer à une deuxième attaque, dont il eût pu se promettre le succès en la faisant soutenir par toute la cavalerie du duc de Holstein.

Dans cette bataille, Frédéric a violé les principes, soit dans la conception du plan, soit dans son exécution : c'est de toutes ses batailles celle où il a fait le plus de fautes, et la seule où il n'ait montré aucun talent.

CHAPITRE VII.

CAMPAGNE DE 1761.

I. Opérations des armées française et hanovrienne; combat de Grünberg (20 mars); bataille de Vellinghausen (16 juillet). — II. Opérations en Saxe. — III. Opérations en Silésie; prise de Schweidnitz par les Autrichiens (30 septembre). — IV. Capitulation de Kolberg (15 décembre). — V. Observations.

I. La France était humiliée du rôle honteux qui avait rendu ses armées si ridicules en Europe. La cour de Versailles fit des efforts plus grands que les campagnes précédentes; elle agit avec deux armées, l'une de 100,000 hommes, l'autre de 60,000 hommes, force prodigieuse, et suffisante, si elle eût été bien conduite, pour conquérir l'Allemagne. A aucune époque de son histoire, elle n'avait eu des armées si nombreuses sur une seule de ses frontières. Mais le prince de Soubise les commandait! Le duc de Broglie commandait sous ses ordres l'armée du Main, qui avait passé l'hiver entre la Fulda et la Werra, occupant Gœttingen qu'elle avait fortifié.

Le duc Ferdinand commandait toujours l'armée des alliés, forte de 70 à 80,000 hommes. Il leva brusquement ses cantonnements, dirigea le prince héréditaire avec sa droite sur Fritzlar et Marburg. Ces deux attaques échouèrent. Le lieutenant général Narbonne repoussa l'attaque de Fritzlar dans un combat brillant, et il en conserva le nom; mais, le 15 février, il remit la place par une capitulation honorable. Le centre, que commandait le duc Ferdinand en personne et qui formait le corps de l'armée, passa la Diemel le 11, et se cantonna en avant de cette rivière. Spœrcken, qui commandait la gauche, arriva le 15 sur les cantonnements de Stainville et du prince Xavier de Saxe, qui était à Langensalza. Stainville fut surpris, perdit 2,000 hommes, et regagna avec peine les défilés d'Eisenach. Le maréchal de Broglie, tourné ainsi par sa droite et par sa gauche, fit un mouvement en arrière, et campa le 17 à Hersfeld, de là à Fritzlar et Schmallenberg. Le duc Ferdinand campa bientôt à Fritzlar, et Spœrcken à Eisenach. Le 20 février, sans avoir rendu le combat, le maréchal de Broglie brûla ses immenses magasins et fit sa retraite en toute hâte, le 20 sur Fulda, le 26 sur Bergen, laissant les garnisons à Gœttingen et autres places de la Hesse. Les magasins qu'il perdit étaient très-considérables, avaient été réunis à grand'peine, et coûtaient plusieurs millions. Le duc Ferdinand cerna toutes les places de la Hesse; la tranchée fut ouverte le 1er mars devant Cassel.

Mais, le 9 mars, le duc de Broglie, ayant reçu un renfort de 15,000 hommes de l'armée du bas Rhin, remarcha en avant, fit lever le siége de Marburg, et campa le 14, la droite à Hungen, la gauche à Giessen, ayant le lieutenant général Stainville détaché à Grünberg. Le 19 le prince héréditaire attaqua Stainville; il fut repoussé, perdit 2,000 hommes, dix-neuf drapeaux et dix canons. Ce combat de Grünberg fit honneur au maréchal de Stainville. Le duc Ferdinand fut obligé de lever le siége de Cassel le 28, et repassa la Diemel le 31 mars. Le duc de Broglie reprit ses positions, mais il avait perdu tous ses magasins. Les deux armées restèrent dans leurs camps respectifs pendant deux mois.

En juin l'armée du bas Rhin déboucha enfin par Wesel, et campa le 18 à Dortmund. Le duc de Broglie réunit son armée à Cassel. Le duc Ferdinand se mit entre deux; il campa le 23 à Soest, le 29 à une demi-lieue du camp de Soubise; mais, le trouvant fortement posté, il le tourna et se porta sur la ligne d'opération. Il n'en fallut pas davantage pour que Soubise abandonnât sa position et battît en retraite. Broglie se mit en mouvement le 26 juin, et le 17 juillet opéra sa réunion avec le prince de Soubise. Le duc Ferdinand les attendit au camp de Vellinghausen, que couvrait le Soestbach, la gauche étant appuyée à la Lippe. Les deux armées étaient ainsi en présence, les Français ayant 150,000 hommes, les Hanovriens 60,000. Les généraux français passèrent huit jours à tenir des conseils, et le 16 juillet ils se mirent enfin d'accord pour attaquer l'ennemi; mais ils manœuvrèrent sans ensemble, sans décision, et comme des hommes certains d'être battus. Ils ne firent rien qui vaille, perdirent 6,000 hommes et l'honneur des armes. Après ce combat, Soubise, embarrassé d'avoir tant de monde sous sa main, adhéra aux vœux du duc de Broglie pour séparer les deux armées. Le désir de l'indépendance dictait la conduite de ce maréchal. Le 27 juillet il se porta sur Paderborn et Hameln, sur le Weser, dans le temps que Soubise se portait sur Münster, manœuvrant ainsi comme le pouvait désirer le général ennemi, qui se plaça aussitôt entre eux et fit facilement échouer les deux siéges. Broglie passa le Weser et marcha sur Brunswick; mais il fut promptement rappelé sur le Weser par la menace que fit le duc Ferdinand de se porter sur Cassel. Après cette campagne, les armées françaises prirent leurs quartiers d'hiver. Le 16 novembre Soubise repassa le Rhin, et hiverna sur la rive gauche; le duc de Broglie se cantonna entre le Weser et la Fulda.

II. Le roi de Prusse hiverna de sa personne en Saxe, où il était au commencement de la campagne. Il fut en Silésie pendant tout l'été, et revint en Saxe à la fin de l'automne. Il eut quatre armées : celle de Saxe, sous les ordres du prince Henri, était forte de 30,000 hommes; celle de Silésie, que commandait le roi, était de 50,000 hommes; un corps d'observation de 15,000 hommes, opposé aux Russes, était devant Glogau, commandé par Goltz; un autre corps d'observation de même force était campé devant Kolberg, sous les ordres du duc de Wurtemberg. Indépendamment des garnisons des places fortes, l'armée active était ainsi de 100 à 110,000 hommes; mais les vieilles troupes de Frédéric avaient péri, ses soldats étaient jeunes; les pertes des corps entiers de Fouqué et de Finck se faisaient sentir. Les alliés lui opposèrent trois armées : Daun resta constamment en Saxe, campé devant Dresde, ayant sous ses ordres une armée autrichienne et l'armée des Cercles; dans le courant de la campagne, il envoya et reçut des renforts de Silésie : on peut évaluer ses forces à 60,000 hommes; Loudon commandait en Silésie 80,000 hommes; et l'armée russe, sous les ordres de Boutourline, était de 60,000. Le roi eut donc à combattre dans cette campagne près de 200,000 hommes, formés de troupes plus aguerries, mieux organisées que dans les campagnes précédentes. Cependant il triompha.

Les cours de Vienne et de Russie s'étaient promis d'opérer en Silésie avec leurs principales forces, d'y réunir leurs armées et de porter ainsi des coups décisifs. En conséquence, Daun en Saxe resta sur la défensive; il occupa le camp de Plauen, près de Dresde, ayant des corps campés sur les hauteurs de Dippoldiswalda. L'armée des Cercles se réunit sur la Saale. Daun envoya un détachement considérable pour renforcer l'armée de Loudon; mais, ce détachement parti, il lui restait environ 60,000 hommes. Le prince Henri, avec 36,000 hommes campés à Nossen, le contint toute la campagne et fit souvent des détachements pour couvrir la province de Magdeburg contre les partisans français du duc de Broglie. Il ne se passa rien d'important en Saxe, pendant le courant de cette campagne, qui soit digne d'être observé.

III. Loudon, renforcé du détachement que lui envoya Daun, avait 80,000 hommes; il campa dans les montagnes, sur les frontières de Silésie, attendant l'arrivée des Russes sur l'Oder pour se mettre en mouvement. L'armée russe, commandée par Boutourline, arriva le 13 juin à Posen. Le général Goltz, qui l'observait du camp de Glogau, demanda un renfort au roi pour pouvoir l'attaquer dans sa marche sur la haute Silésie. Ce renfort partit; mais Goltz mourut subitement, et le 30 juin, lorsqu'il fut remplacé par Zieten, il n'était plus temps : les Russes avaient effectué leur mouvement et paraissaient vouloir opérer leur jonction avec Loudon, à Oppeln. Aussitôt que Loudon fut instruit de leur approche, il campa le 19 juillet à Frankenstein. Le roi se porta le 22 à Ziegenhals; Loudon à Gross-Nossen, jugeant qu'il lui était impossible de se réunir dans la haute Silésie aux Russes; le 22 à Ober-Pomsdorf, en faisant adopter aux Russes le projet d'opérer leur réunion dans la basse Silésie, du côté de Liegnitz. Le 9 août Loudon investit Schweidnitz. Le 11 l'armée russe passa l'Oder à Leubus, se porta sur Parchwitz, et le 18 les deux armées se réunirent à Jauer. Par leur marche combinée, le roi se trouva cerné par des forces quadruples. Il resta trois jours dans cette position critique, mais l'ennemi n'osa rien entreprendre. Le 20 août il prit le camp de Bunzelwitz, qu'il fortifia et arma de cent quatre-vingt-dix pièces de canon. Le 24 le général russe campa à Jauer; le 25 à Hohenfriedberg, et Loudon à Kunzendorf. Le 28 les Russes se portèrent à Striegau. Le 1er septembre Loudon soumit au général russe un projet pour attaquer le camp du roi; mais celui-ci s'y refusa entièrement. Attaqué par des forces quadruples, le roi eût été probablement forcé. Le 9 septembre Boutourline se mit en retraite par Jauer et repassa l'Oder. Le 10 Loudon reprit son camp de Kunzendorf. Des événements aussi inattendus sauvèrent le roi. Il détacha le général Platen avec quatorze bataillons et vingt-cinq escadrons pour suivre les Russes. Platen passa l'Oder à Breslau le 11 septembre, détruisit un grand nombre de leurs magasins sur la rive droite, arriva le 15 au couvent de Gostyn, y trouva un parc russe barricadé et défendu par 5,000 hommes d'infanterie, le fit attaquer, le força, prit, tua ou blessa 2,000 hommes et brûla cinq mille chariots. Le 22 il se porta à Landsberg. Le roi sortit de son camp de Bunzelwitz le 25 septembre, et se porta le 29 à Gross-Nossen. Loudon profita de ce faux mouvement, cerna Schweidnitz le 30 septembre, l'attaqua sur cinq colonnes et l'emporta par un coup de main. Il n'y avait que 3,500 hommes de garnison, qu'il fit prisonniers. Il perdit dans cette attaque 1,400 hommes, jeta dans la place dix bataillons et reprit son camp de Kunzendorf. Le roi, fort étonné, revint rapidement sur ses pas, et campa le 6 octobre à Strehlen pour couvrir Breslau. Le 25 novembre les armées entrèrent en quartiers d'hiver. Ce fut dans ce temps qu'un gentilhomme nommé Warkotsch, ami de Frédéric, trama un complot pour le livrer aux Autrichiens; il fut découvert le jour même où il allait être exécuté. Après la prise de Schweidnitz, Loudon détacha vingt-quatre bataillons en Saxe pour renforcer Daun; mais ce général ne sut pas tirer parti de ce grand accroissement de forces, et, de ce côté aussi, les deux armées entrèrent en quartiers d'hiver.

IV. Le cabinet de Saint-Pétersbourg sentait depuis longtemps le besoin d'avoir un point d'appui qui raccourcît sa ligne d'opération et permît à ses armées d'hiverner plus près du centre de la guerre. Dans les cinq campagnes précédentes, ses armées passaient en marches la moitié de la campagne pour arriver sur le champ d'opération et pour retourner prendre leurs quartiers d'hiver en Pologne. Il avait jeté à cet effet ses yeux sur Kolberg, place forte et port de mer sur la Baltique, avec laquelle la communication par mer était facile, puisque les flottes suédoises et russes dominaient dans la Baltique. Plusieurs tentatives contre Kolberg avaient échoué dans les campagnes précédentes; cette année l'attaque des Russes fut mieux combinée. Romanzof, avec 18,000 hommes, campa le 5 juillet à Kœslin; et le 30 une flotte russe apparut à la vue de Kolberg, débarqua 6,000 hommes, un équipage de siége, et bombarda la place par mer. Romanzof arriva le 15 septembre près du camp prussien du prince de Wurtemberg; mais, l'ayant jugé trop fort pour l'enlever d'un coup de main, il en fit le siége en règle. Le 18 octobre il fut repoussé et perdit 3,000 hommes dans une de ses attaques. Le général Platen, qui suivait l'armée russe, fit divers mouvements pour secourir la place et le camp retranché; il échoua et perdit un de ses corps, fort de 2,000 hommes, qui fut cerné par un détachement de la grande armée russe et posa les armes. Le 2 novembre Boutourline continua sa marche pour repasser la Vistule, se contentant de renforcer le corps de Romanzof. Le 14 le prince de Wurtemberg sortit de son camp retranché et se réunit en rase campagne au corps de Platen. Le 19 novembre la garnison de Kolberg capitula; Romanzof hiverna autour de la place. La cour de Russie avait projeté de faire de Kolberg le centre de ses opérations pour la campagne prochaine.

V. *Vingt-sixième observation.* — 1° L'opération du duc Ferdinand, au mois de février, est parfaitement entendue. Il repousse les Français et s'empare de toute la Hesse en paralysant la principale armée française, qui était cantonnée sur la rive gauche du Rhin. Depuis cinq ans, le ministère français n'avait pas compris qu'il fallait tenir ses forces réunies sur la rive droite.

2° Le maréchal de Broglie, attaqué dans le fort de l'hiver par une armée égale en force, devait-il risquer une bataille pour défendre ses magasins? Le premier principe de la guerre est qu'on ne doit livrer bataille qu'avec toutes les troupes qu'on peut réunir sur le champ d'opération. Mais ce maréchal, convaincu comme il l'était de la faute que commettait la cour en divisant son armée et en tenant la plus grande partie des troupes sur la rive gauche du Rhin, devait s'attendre à ce qui est arrivé, et réunir ses magasins dans des places fortes telles que Cassel, Marburg, Bergen, Francfort et Hanau, de sorte qu'il pût évacuer tout le pays sans rien perdre.

3° Le renfort de 15,000 hommes qu'il reçoit de l'armée du Rhin ne paraît pas être un renfort suffisant pour justifier la retraite du duc Ferdinand, qui évacua à son tour le pays devant le duc de Broglie, leva le siége de Cassel et se retira derrière la Diemel. En effet, il avait plus de chances de succès de battre ce maréchal renforcé de 15,000 hommes, quoique n'étant pas en forces égales à lui, qu'il n'en avait à attendre que la grande armée française eût passé sur la rive droite du Rhin. Il eut tort de perdre cette occasion de ruiner l'armée du duc de Broglie.

4° Le plan d'opération du mois de juin pour entrer en campagne est toujours rédigé sur les plus faux principes de l'art de la guerre, et, si les Français n'en éprouvèrent pas plus de mal et autant qu'ils le méritaient, il faut l'attribuer à la grande supériorité numérique.

5° La conduite du prince de Soubise après la réunion des deux armées est ce qui attestera à jamais l'incapacité absolue de ce général, bien plus encore que le combat de Gotha et la bataille de Rossbach. La résolution qu'il prend, dans l'embarras où il se trouve, de séparer ses forces et d'envoyer le duc de Broglie à droite, pendant que lui se porte à gauche du côté du Rhin, est le maximum de l'ineptie et de l'incapacité. Cependant le soldat français d'alors valait au moins le soldat qui lui était opposé; ce qui est prouvé par les succès qu'il obtenait dans toutes les affaires de postes. La cavalerie était belle, bien montée et bien disciplinée; l'artillerie était excellente; le corps du génie était le plus savant de l'Europe, et l'infanterie n'était pas mauvaise. Enfin tout cela était composé de Français qui étaient fort humiliés de l'issue des campagnes précédentes et désireux de relever la gloire de leurs drapeaux. Mais les généraux en chef, les généraux particuliers, étaient de la plus parfaite incapacité.

6° A la fin de la campagne, le prince de Soubise ramena son armée sur la rive gauche du Rhin, laissant le duc de Broglie, seul, exposé sur la rive droite à toutes les entreprises du duc Ferdinand pendant l'hiver.

Vingt-septième observation. — 1° On peut faire au roi de Prusse, dans cette campagne, le même reproche que dans les campagnes précédentes. Il avait tout à gagner à ouvrir la campagne dès le mois d'avril et à opérer contre Daun avec toutes ses forces réunies, le battre, l'écraser, le jeter en Bohême, assiéger et prendre Dresde. Il a mal à propos disséminé ses troupes. Le corps du prince de Wurtemberg à Kolberg, celui de Goltz à Glogau, étaient inutiles; s'il en eût accru son armée de Saxe, elle eût été supérieure à celle de Daun. Il pouvait être maître de Dresde à la fin d'avril et se porter avec ses principales forces en Silésie, sur l'Oder, pour s'opposer à la jonction des Russes avec Loudon.

2° En Silésie, Frédéric a également perdu le mois de mai et le mois de juin. S'il eût marché alors contre Loudon avec son armée, renforcée de l'armée du prince de Wurtemberg et de celle de Goltz, il aurait fait éprouver un échec considérable à Loudon, ce qui eût démoralisé son armée, l'eût rendu plus circonspect, et par la suite eût augmenté les difficultés de sa jonction avec les Russes.

3° Le corps du prince de Wurtemberg placé au camp de Kolberg était une faute; c'était disséminer ses troupes, c'était les paralyser pendant les trois quarts de la campagne sans aucun but. Ce corps affaiblissait Kolberg au lieu d'en accroître la force, puisqu'il exigeait des magasins immenses; et enfin, l'ennemi étant maître de la mer et de la terre, ce corps devait finir par être pris par famine. Si le prince de Wurtemberg eût été à Glogau, il eût doublé le corps de Goltz et probablement attaqué avec succès l'armée russe dans sa marche sur le haut Oder.

4° Le roi a mal manœuvré pendant tout le mois d'août, puisqu'il a fini par se laisser cerner par les deux armées ennemies. Pendant les journées des 15, 16, 17 août, il a dépendu de ses ennemis de consommer sa ruine, tandis que, si ce prince eût marché contre l'armée russe avant qu'elle s'approchât, ou contre Loudon, il aurait eu deux jours pour attaquer isolément.

5° Lorsqu'il eut pris le camp de Bunzelwitz, sa position fut meilleure, mais encore très-mauvaise. Les forces des ennemis étaient quadruples, au moins triples des siennes, et leur étaient égales en moral. Pour maintenir ses communications avec Schweidnitz, il aurait été obligé de s'engager dans des affaires partielles qui eussent ruiné son armée. Il est même probable qu'il eût été forcé dans son camp, si le général russe eût adopté le projet de Loudon. Il fut sauvé par la politique du cabinet de Saint-Pétersbourg; mais, militairement parlant, il s'est laissé cerner.

6° Ces dernières campagnes de Frédéric n'ont plus le même cachet. Il devient craintif, n'ose plus livrer de bataille. Turenne est le seul général dont l'audace se soit accrue avec les années et l'expérience. Il est vrai cependant de dire que le grand avantage qu'avait eu le roi au commencement de la guerre, l'existence d'une armée de 120,000 hommes parfaitement disciplinés et aguerris, lorsque les Autrichiens n'avaient pas d'armée, s'affaiblissait tous les jours, puisque d'un côté sa vieille armée s'épuisait, et que de l'autre celles des ennemis se formaient et s'aguerrissaient. L'armée française elle-même, quoique si misérablement commandée, était tout autre en 1761 que dans la campagne de 1757.

CHAPITRE VIII.

CAMPAGNE DE 1762.

I. Opérations des armées française et hanovrienne; bataille de Wilhelmsthal (24 juin); capitulation de Cassel (1er novembre). — II. Opérations en Silésie; combat de Peilau (16 août); prise de Schweidnitz (9 octobre). — III. Opérations en Saxe; bataille de Freyberg (29 octobre). — IV. Observations.

I. La France opéra cette campagne avec deux armées : l'une de 80,000 hommes, sous les ordres des maréchaux de Soubise et d'Estrées, dite *armée de Hesse;* l'autre de 30,000 hommes, commandée par le prince de Condé, qui cantonna pendant l'hiver sur la rive gauche du bas Rhin. Le duc Ferdinand resserra ses cantonnements dans les premiers jours de mai : sa droite était au camp de Bielefeld, composée de 20,000 Anglais; son quartier général était à Pyrmont. Luckner était sur la droite du Weser, à Eimbeck, couvrant le Hanovre. L'armée des deux maréchaux était à Korbach. Le prince Xavier de Saxe était détaché dans la Thuringe; Chevert, avec dix-huit bataillons et vingt-huit escadrons, couvrait Gœttingen. Le prince de Condé était toujours sur la rive gauche du Rhin.

Le 23 juin le duc Ferdinand arriva sur la Diemel. L'armée française se réunit à Cassel le 20, et prit position le 22 à Immenhausen. Le comte de Castries commandait un corps en avant de la droite; le comte de Stainville, avec les grenadiers de France, campait en avant de la gauche à Westuffeln. Le 24 le duc Ferdinand attaqua l'armée française; Spœrcken et Luckner se portèrent sur les derrières du comte de Castries, qui, après un vif engagement, se replia sur l'armée. En même temps le duc Ferdinand passa la Diemel sur sept colonnes, et arriva en présence de l'armée française, qui était disposée à défendre ses positions avec vigueur; mais le corps anglais arriva vers dix heures du matin sur les derrières de la gauche du corps de Stainville; celui-ci fit un changement de front en arrière, soutint l'attaque avec intrépidité, mais ne fut pas secouru par les maréchaux, qui perdirent la tête aussitôt qu'ils eurent connaissance de cette manœuvre, et battirent en retraite. Stainville fut enfoncé, mais il fit sa retraite avec sang-froid L'armée française perdit 4,000 hommes et se retira sur Cassel. Tel fut le résultat de la bataille de Wilhelmsthal, où les Français devaient obtenir la victoire.

Les maréchaux rappelèrent Chevert et le prince Xavier, et, pour se maintenir à Cassel, adoptèrent le projet de border la Fulda sur une grande étendue. Le prince Xavier occupa l'extrême droite; il y fut attaqué, le 24 juillet, par des forces supérieures : il perdit ses positions, 1,200 hommes, cinq drapeaux, treize canons.

Pendant ce temps, le prince de Condé avait passé le Rhin à Wesel et s'était porté à Koesfeld. Le prince héréditaire, qui lui était opposé, ne se trouva pas en force; il se retira sur Münster. La jonction à travers le pays ennemi étant tout à fait impossible, le prince de Condé reçut contre-ordre; il rétrograda, remonta le Rhin, longeant la rive droite, et arriva sur la Lahn, à Giessen. Les maréchaux évacuèrent Cassel, y laissèrent seize bataillons de garnison, rétrogradèrent sur la Lahn, et firent, le 30, leur jonction avec le prince de Condé, près de Friedberg, sur les hauteurs de la vallée du Main, malgré le duc Ferdinand, qui manœuvra pour s'y opposer. Le prince héréditaire eut un combat au pont d'Assenheim, dans lequel il perdit 1,500 hommes. Après cette jonction, les maréchaux se trouvèrent avoir 90,000 hommes sous leurs ordres; ils remarchèrent en avant pour débloquer Cassel : ils ne purent réussir. Leur irrésolution et l'ascendant qu'avait sur eux le duc Ferdinand permirent à ce général de barrer le chemin à 90,000 Français avec moins de 70,000 hommes. Cassel capitula le 1er novembre, et sa nombreuse garnison fut faite prisonnière de guerre, à la vue de la grande armée. Ce honteux événement laisse assez présumer quelle eût été l'issue de la campagne, lorsque, le 7 novembre, l'armée reçut la nouvelle que la paix avait été signée à Fontainebleau entre la France et l'Angleterre; ce qui mit fin à la sixième campagne du Hanovre. Le maréchal et le comte de Broglie avaient été disgraciés et ne firent pas cette campagne.

II. La position de Frédéric n'avait jamais été si mauvaise. Le séjour des Russes en Poméranie appuyés à Kolberg, celui de Loudon à Schweidnitz, et l'occupation de Dresde par les Autrichiens, rendaient difficile le recrutement. Ses états étaient d'ailleurs épuisés, tandis qu'au contraire la cour de Vienne n'avait jamais eu des armées plus nombreuses, plus aguerries et mieux organisées. Cependant, son trésor ne pouvant suffire à un état militaire aussi considérable, elle licencia 20,000 hommes de troupes légères et 500 officiers, que Frédéric embaucha et dont il recruta son armée; ce fut une ressource.

L'impératrice de Russie, Élisabeth, mourut le 24 janvier. Pierre III, qui lui succéda, était admirateur de Frédéric; il rappela sans délai ses troupes, conclut en mai la paix avec la Prusse, et, peu de jours après, un traité d'alliance par lequel il s'engagea à fournir au roi une armée auxiliaire. Le général Czernitchef, avec 24,000 hommes, se mit en marche pour se joindre à l'armée prussienne de Silésie. Dès ce moment, le dénoûment de la guerre fut facile à prévoir; d'un état de crise le roi passait subitement à un état de prospérité. Il agit dans cette campagne avec deux armées : une en Saxe, sous les ordres du prince Henri, de quarante-huit bataillons et quatre-vingt-treize escadrons; une en Silésie, de quatre-vingt-un bataillons et cent cinquante-six escadrons, qu'il commanda en personne. Le duc de Bevern fut, pendant la première partie de la campagne, détaché dans la haute Silésie avec vingt et un bataillons et trente-six escadrons. La force totale de l'armée prussienne fut donc, dans cette campagne, de cent vingt-neuf bataillons et deux cent quarante-neuf escadrons. La cour de Vienne opposa deux armées : une sous le maréchal Daun, en Silésie, forte de cent six bataillons et cent quarante-neuf escadrons, qui détacha le général Beck avec 9,000 hommes pour couvrir la Moravie et s'opposer au duc de Bevern; l'autre, dite *armée de Saxe*, composée de cinquante-sept bataillons et de cent huit escadrons, sous les ordres du maréchal Serbelloni.

Daun sortit des montagnes au commencement de mai, pour se rapprocher de Schweidnitz, qui avait garnison autrichienne; il campa près de la plaine de Kratzkau, au pied du Zobtenberg. Le roi était cantonné sur les deux rives de la Lohe, couvrant Breslau et observant Schweidnitz. Le 1er juillet Czernitchef le joignit avec vingt bataillons et seize escadrons; ce qui le décida à manœuvrer pour déposter Daun. Ne pouvant l'attaquer de front, il détacha le général de Wied avec vingt-cinq bataillons et vingt-six escadrons, pour s'emparer de Freyburg; ce qui décida Daun à rentrer dans les défilés et à prendre son camp derrière Freyburg. Pour le chasser de cette seconde position, le roi manœuvra par sa gauche, occupa le camp de Hohenfriedberg, menaçant Braunau, où étaient les grands magasins de l'armée autrichienne; mais Daun y pourvut en prenant un nouveau camp. Le roi espéra l'en déposter encore par une diversion en Bohême; ses coureurs pénétrèrent jusqu'à Kœniginsgrætz; mais Daun resta immobile. Sur ces entrefaites, le 18 juillet, Czernitchef reçut l'avis de la catastrophe de Pierre III et de l'avénement de Catherine, avec ordre de quitter sur-le-champ l'armée prussienne. Le roi obtint cependant de ce général qu'il garderait cette fâcheuse nouvelle secrète pendant trois jours, pendant lesquels il manœuvra et réussit à couper Daun de Schweidnitz, et à cerner cette ville avec soixante bataillons et cent dix escadrons. Czernitchef partit immédiatement après pour la Pologne.

De son côté, le duc de Bevern fit diverses excursions en Moravie, mais sans résultat important. Le 4 août Schweidnitz fut investi par le général Tauenzien avec vingt et un bataillons et vingt escadrons. La garnison, forte de 11,000 hommes, était commandée par le général Guasco; Gribeauval, officier français, commandait l'artillerie. Daun, avec une armée beaucoup plus nombreuse que celle du roi, ne bougea pas de son camp de Dittmannsdorf, et fut témoin de la prise de cette place importante, qui se défendit soixante jours de tranchée ouverte. Cependant il voulut essayer quelque chose et appela à lui, le 10 août, le général Beck; mais le duc de Bevern suivit parallèlement le mouvement de ce général. Le 14 août Beck campa à Schœnwalde, le duc de Bevern à Ellguth. Daun fit partir secrètement les corps de Lacy et de Brentano pour joindre Beck, attaquer et écraser le même jour le duc de Bevern. Il espérait de l'heureuse issue de cette attaque la levée du siége de Schweidnitz. Le roi s'aperçut tard de ce détachement; il fit partir aussitôt quinze escadrons et Mœllendorf avec une division d'infanterie, pour secourir le duc de Bevern; ils ne purent arriver qu'après le coucher du soleil, à la fin du combat, dit *combat de Peïlau*, où le duc de Bevern montra beaucoup de talent et annula tous les efforts des Autrichiens.

Le 9 octobre Schweidnitz capitula; 8,600 hommes posèrent les armes et se rendirent prisonniers de guerre; la garnison avait perdu 2,800 hommes pendant le siége, les Prussiens 3,600; leurs ingénieurs montrèrent peu de talent. Après la prise de cette ville, le roi détacha le général de Wied avec vingt bataillons, cinquante-cinq escadrons et soixante pièces de canon, pour renforcer son armée de Saxe. Le 24 novembre il conclut une convention pour assurer les quartiers d'hiver des deux armées.

III. Serbelloni était campé près de Dresde, dans le val de Plauen: le général Maguire occupait un camp près de Freyberg, et l'armée des Cercles était sur la Saale; le prince Henri occupait le pont de Meissen et le camp de Wilsdruf. Le 12 mai il se mit en mouvement, attaqua les postes avancés de l'armée autrichienne, leur fit 1,800 prisonniers, et marcha le 14 sur Freyberg, que Maguire évacua : le prince l'occupa et laissa le général Hülsen à Wilsdruf; le 16 il se porta sur les hauteurs de Pretzchendorf; Maguire, de Freyberg, s'était retiré sur Dippoldiswalda. Pendant ce temps, l'armée des Cercles quitta les bords de la Saale et se porta à Chemnitz; le prince Henri détacha contre elle Seydlitz avec 8,000 hommes, dont 4,000 de cavalerie. A son approche, elle se retira à Baireuth, sur les hauteurs de Münchberg; pendant juillet et août, elle fit de vains efforts pour se réunir à l'armée sous Dresde. Elle était si mal commandée et composée de si mauvaises troupes, que la nouvelle du moindre détachement prussien sur ses flancs ou sur ses derrières la déterminait aussitôt à se retirer en toute hâte. Enfin, le 6 septembre, elle arriva au camp de Dresde, mais par l'intérieur de la Bohême. Le 7 septembre le général Hadik prit le commandement de l'armée autrichienne de Saxe, le maréchal Serbelloni avait été rappelé; elle était alors de quatre-vingt-six bataillons et de cent soixante-sept escadrons, y compris l'armée des Cercles, forte de vingt-trois bataillons et quarante-deux escadrons. Avec des forces si supérieures, il se mit en mouvement pour déloger le prince Henri, mais sans courir les chances d'une bataille.

Le 29 septembre le prince de Lœwenstein passa la Mulde, s'empara de Tharandt, prit position entre Dresde et Freyberg, vis-à-vis de Wilsdruf. Le 30 le prince Henri repassa la Mulde sur quatre colonnes, et campa, la droite à Brand, la gauche à Freyberg. Le 15 octobre la brigade prussienne de Sybourg fut battue; elle perdit 1,600 hommes et dix canons. L'armée des Cercles manœuvra pour occuper Freyberg; le prince avait été obligé de l'évacuer et s'était retiré sur Reichenbach. Ainsi le général autrichien avait obtenu par des manœuvres, mais après beaucoup de lenteur et d'hésitation, ce qu'il désirait. Le 28 octobre le prince Henri remarcha sur Freyberg sur quatre colonnes; le 29 il attaqua l'armée des Cercles, la battit et lui fit 4,500 prisonniers, lui mit hors de combat 3,000 hommes, prit vingt-huit pièces de canon et 9 drapeaux. L'armée prussienne, sur le champ de bataille de Freyberg, n'était que de vingt-neuf bataillons et soixante escadrons. L'armée des Cercles, renforcée d'une garnison autrichienne, était de quarante-huit bataillons et de soixante-huit escadrons; mais les troupes de l'empire étaient sans organisation, sans officiers, sans consistance.

Le jour même de la bataille le général de Wied passa l'Elbe avec le détachement qu'il amenait de Silésie, dans le temps que le duc Albert de Saxe arrivait à Dresde avec un détachement de l'armée de Daun. Le 2 novembre le prince Henri fit entrer Kleist en Bohême pour détruire plusieurs magasins. Le 6 Frédéric arriva à l'armée de Saxe. Le 24 novembre les hostilités cessèrent avec les Autrichiens; mais, les princes de l'empire n'étant pas compris dans l'armistice, Kleist les mit à contribution. Le 20 février 1763 la paix fut conclue entre la reine de Hongrie et le roi de Prusse au château de Hubertsburg, et mit fin à la guerre de Sept Ans. Après sept ans de combats, la paix rétablit les choses telles qu'elles étaient avant la guerre, sans qu'un seul village se trouvât avoir changé de maître.

IV. *Vingt-huitième observation.* — 1° Les officiers qui dirigeaient les opérations de la guerre à Versailles n'avaient aucune connaissance militaire, et les petites intrigues pour ou contre les divers généraux influaient sur la division de l'armée et, dès lors, sur le plan de campagne.

2° La marche du prince de Condé sur la rive droite du Rhin exposait son petit corps à un échec, et ne pouvait être d'aucune utilité pour la grande armée. S'il eût fait, au commencement de la campagne et par la rive gauche, le mouvement qu'il a fait depuis sur la rive droite pour se joindre sur le Main, l'armée française eût été constamment réunie et n'eût point éprouvé l'échec de Cassel.

3° Dans cette campagne, les Broglie avaient été disgraciés; mais le prince de Soubise acquit tout autant de honte que dans les campagnes précédentes; ce qui prouva à l'évidence que les défaites des armées françaises sous ses ordres tenaient à son manque de connaissances militaires et de caractère. Le maréchal d'Estrées, qu'on lui adjoignit, y compromit et y devait compromettre sa gloire acquise à Hastenbeck.

4° La bataille de Wilhelmsthal, perdue sans combattre, est d'autant plus déshonorante pour le caractère des deux maréchaux, que M. de Castries et le comte de Stainville, qui commandaient les deux corps des ailes, montrèrent de l'habileté et de la valeur; l'armée elle-même n'était plus l'armée de Krefeld, il ne lui manquait pour faire de grandes choses qu'un grand général.

5° La honte de laisser seize bataillons poser les armes dans Cassel, assiégée par une armée au plus de 60,000 hommes, devant une armée française de 90,000 hommes, qui perd son temps en vaines manœuvres et en faux mouvements, sans donner aucun combat, ne peut s'expliquer que par la nullité du prince de Soubise. Il est probable que, si la paix n'eût pas été signée, ce faible général n'eût pas tardé à évacuer la Hesse et à se retirer précipitamment sur le Main, justifiant ce dire du général athénien : Qu'une armée de cerfs commandée par un lion vaut mieux qu'une armée de lions commandée par un cerf.

6° Les manœuvres du duc Ferdinand sont souvent contraires aux règles de la guerre : il en eût été sévèrement puni s'il eût eu affaire à des généraux moins pusillanimes. Son plan à la bataille de Wilhelmsthal, où il fait tourner la droite et la gauche par des mouvements faits la veille de la bataille, et cela avec une armée inférieure à son ennemi, devait entraîner sa perte.

Vingt-neuvième observation. Le siége de Schweidnitz, que le roi de Prusse osa entreprendre devant une armée plus forte que la sienne et tout entière, est une des plus belles opérations de guerre qu'ait faites ce prince, quoique le siége ait été dirigé sans art par défaut d'ingénieurs.

Trentième observation. La campagne du prince Henri de Saxe a été beaucoup trop vantée. La bataille de Freyberg n'est rien, parce qu'il y a remporté la victoire sur de très-mauvaises troupes; il n'y a pas déployé de vrais talents militaires. Avec une armée inférieure, dans un pays coupé, et ayant l'initiative du mouvement, ce général n'a su être en force sur aucun point, et a disséminé son armée sur une ligne de plusieurs lieues. S'il eût été possible que des Prussiens fussent battus par des troupes de l'empire, le prince Henri l'eût été.

Ses dispositions pendant toute cette campagne ne doivent pas être imitées; son armée a constamment été morcelée. Il eût essuyé de grands échecs s'il eût eu affaire à un autre homme que Serbelloni. Tout général qui agira comme a agi le prince Henri s'en trouvera mal et verra se renouveler les scènes de Maxen et de Landeshut. Dans cette campagne, ce prince a constamment violé le principe que les camps d'une même armée doivent être placés de manière à pouvoir se soutenir. Les Autrichiens, qui occupaient la position centrale de Dresde et les débouchés des montagnes de la Bohême, pouvaient l'en faire cruellement repentir. La bataille de Freyberg est considérée comme le principal titre de gloire du prince Henri; c'est la seule bataille dans laquelle il ait commandé en chef. La campagne de 1761 est celle où ce prince a vraiment montré des talents supérieurs.

CHAPITRE IX.

QUELQUES CONSIDÉRATIONS SUR LA GUERRE DE SEPT ANS.

I. La Prusse a-t-elle eu à lutter contre les puissances réunies de la France, de l'Autriche et de la Russie, pendant les sept campagnes de cette guerre? — II. Frédéric a-t-il créé un nouvel ordre de bataille? Qu'est-ce que l'ordre oblique?

I. Le roi de Prusse, pendant la guerre de Sept Ans, aurait tenu tête à la France, à l'Autriche et à la Russie! Ce résultat serait miraculeux. Un prince n'ayant que 4 millions de sujets aurait lutté sept années contre les trois plus grandes puissances de l'Europe, qui en avaient 80 millions! Mais, en fixant un regard attentif sur les événements de cette guerre, le merveilleux disparaît sans que cela diminue l'admiration qu'inspirent les talents de ce grand capitaine.

1° La France ne doit pas être comptée parmi les puissances que Frédéric a eu à combattre, puisque, pendant toute cette guerre, les armées françaises ont été contenues sur le Rhin et le Weser par l'armée des princes à la solde de l'Angleterre, composée d'Anglais, Hanovriens, Hessois, Brunswickois. 2° La Russie ne voulait point accabler la Prusse: elle ne fit que ce qu'il fallait faire pour satisfaire à cet instinct ambitieux qui la portait à essayer ses armées contre des armées manœuvrières pour pouvoir un jour accomplir ses destins, dont déjà elle avait le pressentiment. 3° L'Autriche n'avait qu'un état militaire très-faible, tandis que la Prusse, qui, de longue main, était organisée comme un camp, avait des armées nombreuses et manœuvrières.

Pendant la campagne de 1756, ni la France ni la Russie n'ont mis aucune armée en campagne. Pendant celle de 1757, l'armée russe a fait une incursion, au mois d'août, sur la Pregel, a gagné une bataille et s'en est retournée plus vite que si elle eût été battue. Pendant les quatre premiers mois de cette année, comme en 1756, le roi n'a eu que l'Autriche à combattre.

En 1758, l'armée russe a fait une seconde incursion pareille à celle de l'année précédente. Le 21 août elle a perdu une bataille sur l'Oder, et s'en est retournée en Pologne. Le roi, pendant les quatre premiers mois de la campagne et pendant l'arrière-saison, n'a eu contre lui que l'Autriche; mais il perdit tous ses avantages par l'opération mal calculée de Moravie et de Hochkirch.

La campagne de 1759 est une répétition de la précédente. L'armée russe fait sa troisième incursion au mois d'août, bat le roi à Kunersdorf, et, fidèle à son système, elle retourne dans ses frimas. Le roi, pendant les quatre premiers mois et pendant l'arrière-saison, put écraser les Autrichiens : mais où il ne sut pas mettre à profit un temps si précieux, où il perdit un corps de 18,000 hommes, officiers et soldats, par l'imprudence de ses manœuvres, qui fut suivie de la capitulation de Maxen.

En 1760, c'est la même répétition. Le roi, pendant les quatre premiers mois, peut tout faire contre les Autrichiens, et cependant, à la vue de l'armée du prince Henri, qui était cantonnée en Silésie, Loudon cerne et prend un corps de 12,000 hommes, officiers et soldats. Les Russes arrivent trop tard sur l'Oder; ils ne livrent point de bataille, mais ils séjournent plus longtemps qu'à l'ordinaire; cependant ils retournent hiverner dans leurs glaces.

En 1761 et 1762, la population de la Prusse commençait à s'épuiser: les Autrichiens prirent Schweidnitz, et les Russes Kolberg. Dresde avait été pris la campagne précédente. La position du roi devenait critique: mais Élisabeth mourut : les Russes abandonnèrent la coalition et s'allièrent avec la Prusse.

Les riches subsides que Frédéric reçut de l'Angleterre lui donnèrent des moyens de lever des soldats et des officiers dans toute l'Allemagne : cela seul fit plus pour la cause de la Prusse que ne firent pour celle de l'Autriche les cinq incursions de l'armée russe.

On reproche à ce grand capitaine, 1° de n'avoir pas profité, comme il le devait, de l'initiative qu'il a eue en 1756; 2° de n'avoir pas frappé de grands coups pendant le printemps des cinq années suivantes, où les Russes étaient éloignés du champ d'opération; 3° les fautes qui entraînèrent les désastres de Hochkirch, de Maxen et de Landeshut; 4° les mauvaises directions données à ses deux invasions de la Bohême et à celle de la Moravie. Mais ces fautes sont éclipsées par les grandes actions, les belles manœuvres, les résolutions hardies qui lui ont valu de sortir victorieux d'une lutte aussi disproportionnée. Il a été grand surtout dans les moments les plus critiques, c'est le plus bel éloge que l'on puisse faire de son caractère. Mais tout prouve qu'il n'eût pas résisté une campagne à la France, à l'Autriche et à la Russie, si ces puissances eussent agi de bonne foi; qu'il n'eût pas pu faire deux campagnes contre l'Autriche et la Russie, si le cabinet de Saint-Pétersbourg avait permis que ses armées hivernassent sur le champ d'opération. Le merveilleux de la guerre de Sept Ans disparaît donc. Mais ce qui est réel justifie cette réputation dont a joui l'armée prussienne pendant les cinquante dernières années du siècle passé, et consolide, au lieu d'ébranler, la grande réputation militaire de Frédéric.

II. On a attribué les succès que le roi avait obtenus pendant cette guerre à un nouvel ordre de tactique pour les batailles qu'il aurait inventé et que l'on a appelé *l'ordre oblique.*

Frédéric a donné, pendant la guerre de Sept Ans, dix batailles en personne et six par ses lieutenants, y compris les affaires de Maxen et de Landeshut; sur les batailles données en personne, il en a gagné sept et perdu trois; sur celles livrées par ses lieutenants, il en a perdu cinq et gagné une. Sur seize batailles, la Prusse en a gagné huit et perdu huit. Il n'est aucune de ces batailles où le roi ait employé une tactique nouvelle; il n'a rien fait qui n'ait été pratiqué par les généraux anciens et modernes dans tous les siècles.

Mais qu'est-ce donc que l'ordre oblique?

Ses partisans varient : les uns disent que toutes les manœuvres que fait une armée, soit la veille, soit le jour d'une bataille, pour renforcer sa ligne sur sa droite, son centre ou sa gauche, soit même pour se porter derrière l'ennemi, appartiennent à l'ordre oblique. En ce cas, Cyrus a manœuvré dans l'ordre oblique à la bataille de Thymbrée, les Gallo-Belges à la bataille de la Sambre contre César, le maréchal de Luxembourg à Fleurus, profitant d'une hauteur pour déborder la droite de l'ennemi; Marlborough à Hœchstædt, le prince Eugène à Ramillies et à Turin, Charles XII à Pultawa. Il n'est presque aucune bataille, ancienne ou moderne, où le général qui a attaqué n'ait renforcé ses colonnes d'attaque, soit par un plus grand nombre de troupes, soit en y plaçant des grenadiers, soit par un grand nombre de canons. Si Frédéric avait imaginé cette manœuvre, il eût imaginé la guerre, qui malheureusement est aussi ancienne que le monde.

D'autres disent que l'ordre oblique est cette manœuvre que le roi faisait exécuter aux parades de Potsdam, par laquelle deux armées étaient d'abord en bataille parallèlement. Celle qui manœuvre se porte sur une des ailes de son adversaire, soit par un système de colonnes serrées, soit par un système de colonnes ouvertes, et se trouve tout d'un coup, sans que le général ennemi s'en soit aperçu, sur une de ses ailes, l'attaque de tous côtés sans que l'on ait le temps de la secourir.

1° Il est impossible qu'étant données deux lignes parallèles de 3,000 toises et placées à la distance de 900 toises, l'une de ces lignes s'incline sur l'autre de manière qu'une des ailes étant à 300 toises l'autre soit assez éloignée pour être à l'abri et hors d'atteinte : l'armée, pendant qu'elle marche pour prendre l'ordre oblique, prête le flanc; si elle est attaquée, elle sera battue : l'aile menacée sera facilement mise hors de péril en la renforçant par la seconde ligne de l'armée ou par la réserve.

2° Il faudrait que la ligne d'opération de l'armée qui prendrait l'ordre oblique fût du côté de l'aile sur laquelle elle appuie, sans quoi elle la perdrait; ce qui exposerait à des conséquences fâcheuses. Il est deux principes de guerre qu'on ne viole point impunément; le premier : «Ne faites pas de marches de flanc devant une armée qui est en position;» le deuxième : «Conservez avec soin et n'abandonnez jamais de gaieté de cœur votre ligne d'opération. » Aussi est-il des personnes parmi les partisans de l'ordre oblique qui veulent que la manœuvre en soit dérobée à l'ennemi, qu'il soit étonné et surpris, qu'elle soit faite de nuit, ou favorisée par des brouillards, ou couverte par des rideaux.

3° Puisque cette manœuvre doit être dérobée à l'ennemi, ce n'est pas un ordre de tactique; sa force n'est pas dans elle-même, mais en ce qu'elle surprend, étonne; elle est de la nature des embuscades, des marches dérobées, des surprises, etc. Les embuscades, les marches dérobées, les surprises, ont été pratiquées dans tous les temps, non-seulement par des troupes disciplinées, mais même par des sauvages et des troupes indisciplinées.

4° Frédéric a livré, dans la guerre de Sept Ans, dix batailles; il n'a, dans aucune d'elles, fait exécuter les manœuvres des revues de Potsdam, ni mis en usage aucune nouvelle manœuvre; toutes celles qu'il a ordonnées étaient connues et pratiquées de tous les temps. Il a fait deux mouvements à la bataille de Lobositz, en 1756 : le premier pour repousser l'attaque de la hauteur; le second lorsqu'il a, par un mouvement de cavalerie, menacé la gauche de l'armée autrichienne, ce qui l'a décidée à repasser l'Eger. Il n'y a là aucune invention.

En 1757, les armées prussienne et autrichienne étaient égales en force : mais l'armée prussienne était composée de vieilles troupes, aguerries et disciplinées; la plus grande partie de celles du duc de Lorraine étaient fort médiocres et de nouvelle levée. A la bataille de Prague, les deux armées étaient séparées par un ravin. Le roi marcha sur trois lignes par le flanc gauche, jusqu'à ce qu'il trouvât un débouché. Le duc de Lorraine devait marcher sur trois lignes par le flanc droit en suivant parallèlement ce mouvement, ou prendre l'initiative, faire passer à sa gauche et à son centre le ravin et attaquer la droite du roi. Il ne prit ni l'un ni l'autre de ces partis. Il se contenta de faire faire un changement de front en arrière à sa droite. De tout temps, on a vu des armées se côtoyer plusieurs fois, même plusieurs lieues, pour atteindre un débouché qui permît à l'une d'elles d'attaquer avec avantage.

Les partisans de l'ordre oblique admirent la manœuvre du roi à la bataille de Kolin; et, quoiqu'elle ait eu les suites les plus fâcheuses, qu'elle lui ait fait perdre la bataille, la moitié de son armée et deux cents pièces de canon, ce qui l'a obligé de lever le siége de Prague et d'évacuer la Bohême, ils n'en persistent pas moins dans leur engouement : rien ne peut leur dessiller les yeux. Les uns disent qu'il s'est vu arracher la victoire par la faute d'un chef de bataillon, qui a, mal à propos, ordonné un *à-droite en bataille*, et a arrêté la marche de l'armée. D'autres, plus raisonnables, qui sont frappés des inconvénients attachés à une marche de flanc devant une armée en position, mais qui n'en sont pas moins attachés à l'ordre oblique, disent que la manœuvre du roi eût dû être faite de nuit; que par là il eût évité le feu de l'armée autrichienne, qui ne l'aurait pas aperçu; qu'au jour il aurait étonné, surpris, battu, rompu et mis en déroute son adversaire. Sans doute que c'est une fort belle chose que de surprendre son ennemi; mais pourquoi s'arrêter à tourner une aile? Il vaut mieux prendre l'armée à dos, se saisir de ses parcs, de ses canons sur leurs avant-trains, de leurs munitions, des faisceaux de fusils du camp. La perte de la bataille de Kolin doit être attribuée à la violation du premier des principes dont nous avons parlé plus haut. Si Frédéric avait eu affaire à un autre général que Daun, qui, après la bataille, resta douze jours dans son camp à chanter des *Te Deum*, il eût cruellement senti les conséquences de la violation du principe d'abandonner sa ligne d'opération. Ses débris n'eussent jamais rejoint ni ses magasins, ni l'armée devant Prague. Il ne s'en fût jamais relevé.

A la bataille de Rossbach, le prince de Soubise imagina de vouloir singer l'ordre oblique. Il fit une marche de flanc devant la position du roi. Les résultats en sont assez connus : Frédéric, à Kolin, ne perdit que son armée; Soubise, à Rossbach, perdit son armée et l'honneur.

A la fin de Zorndorf, le roi renouvela la manœuvre de Kolin. Au lieu d'attaquer la gauche de l'armée russe, qui était à portée des ponts par lesquels il débouchait, il fit une marche de flanc devant elle pour aller attaquer l'aile opposée. Les Russes, qui l'année précédente avaient déjoué une pareille manœuvre et battu le maréchal Lehwaldt à la journée de Jægersdorf, tombèrent sur le flanc des colonnes d'attaque du roi, les rompirent, les mirent en désordre : tout était perdu si l'intrépide Seydlitz, avec son incomparable cavalerie et ce coup d'œil qui le distinguait, n'y eût porté remède. L'infanterie russe n'était pas assez manœuvrière pour soutenir ces colonnes d'attaque par des échelons; elle fut rejetée dans ses carrés. La bataille se continua, l'armée prussienne eut la victoire, mais parce qu'elle fut ramenée, par la force des événements, aux vrais principes, car c'est la gauche de l'armée russe qu'elle rompit en dépit des ordres de Frédéric. L'année suivante, le général prussien Wedell fit encore une marche de flanc à la bataille de Kay; Soitikof l'en fit repentir et lui donna une bonne leçon.

Mais, dira-t-on, vous ne parlez pas de la bataille de Leuthen; c'est le chef-d'œuvre de l'ordre oblique. Sans doute cette bataille est propre à immortaliser le caractère moral de Frédéric, et met au jour ses grands talents militaires; mais elle ne présente rien qui ressemble à la manœuvre de Potsdam. Il ne dut cette victoire qu'à la surprise; elle tient au chapitre des accidents. Si le prince de Lorraine eût eu une seule vedette en avant de son front, une patrouille, il eût été prévenu que le roi marchait par sa droite, passait dans un marais, qui semblait impraticable, pour attaquer son aile gauche; il y eût porté sa réserve, et en même temps eût fait avancer sa droite et son centre; il eût pris l'armée prussienne en flanc, en flagrant délit, et l'eût défaite. C'est étrangement s'abuser que de confondre une surprise avec un ordre constant de manœuvre.

A la bataille de Hochkirch, Daun, dira-t-on, a manœuvré dans l'ordre oblique, puisque, lorsqu'il a tiré le premier coup de fusil, il avait déjà cerné toute la droite de l'armée prussienne. Mais ce serait un étrange abus de mots. Il faut dire tout simplement que Daun a surpris l'armée du roi; ce que celui-ci a rendu possible par le mauvais camp qu'il a pris, et qu'il s'est obstiné à garder plusieurs jours. Une pareille faute ne devait jamais être faite depuis l'invention de la poudre.

La huitième bataille est celle de Kunersdorf. Le roi, au commencement de la journée, s'est trouvé perpendiculairement sur le flanc gauche de l'armée ennemie : il était donc plus que dans l'ordre oblique. Cette position n'était pas le résultat d'une manœuvre de champ de bataille, mais d'une marche qui avait été dérobée à l'ennemi derrière des bois et des marais. Le général russe, qui avait d'abord fait front du côté de Francfort, changea de position, et en prit une par laquelle il se trouva *en potence* sur l'armée prussienne; pour déboucher, des marais impraticables s'opposèrent au dessein du roi. Il attaqua comme il se trouvait, obtint des succès sur la gauche des Russes, qu'il surprit; mais ceux-ci, ayant pris leur ordre de bataille sur leur centre parallèlement à l'armée prussienne, obtinrent une victoire complète, qui mit la Prusse à deux doigts de sa perte.

La neuvième bataille de cette guerre, celle de Liegnitz, est une rencontre fortuite qui a sauvé Frédéric d'un danger où l'avaient engagé les plus fausses manœuvres.

La dixième bataille est celle de Torgau. Toutes les dispositions du roi y sont funestes, aussi mal conçues que mal exécutées. Si l'on jugeait Frédéric par sa conduite à cette bataille, on concevrait une faible idée de son talent. Ni à Liegnitz ni à Torgau on ne voit rien de nouveau et aucune trace de ce fameux ordre oblique.

Le vieux Frédéric riait sous cape, aux parades de Potsdam, de l'engouement des jeunes officiers français, anglais, autrichiens, pour la manœuvre de l'ordre oblique, qui n'était propre qu'à faire la réputation de quelques adjudants-majors. Un examen approfondi des manœuvres de cette guerre aurait dû éclairer ces officiers; et ce qui devait achever de faire évaporer leurs illusions, c'est que Frédéric n'a jamais manœuvré que par des lignes et par le flanc, jamais par des déploiements.

Il n'y a donc aucune de ces dix batailles qui ait un caractère particulier et nouveau. Le roi en a perdu plusieurs pour avoir, de gaieté de cœur, fait des marches de flanc devant une armée en position. Son expérience à Kolin, à Zorndorf, celle du maréchal Lehwaldt à Jægersdorf, du général Wedell à Kay, du prince de Soubise à Rossbach, en ont prouvé le danger.

Des militaires français, admirateurs de l'ordre oblique, parmi lesquels Guibert, ont poussé l'illusion jusqu'à prétendre que les détachements du duc Ferdinand à Krefeld et à Wilhelmsthal, sur les flancs de l'armée française, étaient des corollaires brillants de l'ordre oblique, au mépris de ce principe : « Ne mettez entre les divers corps de votre ligne de bataille aucun intervalle par où l'ennemi puisse pénétrer. » Si la violation de ce principe lui a réussi, c'est que le comte de Clermont commandait les Français.

www.ingramcontent.com/pod-product-compliance
Ingram Content Group UK Ltd.
Pitfield, Milton Keynes, MK11 3LW, UK
UKHW021207220726
13924UKWH00003B/1373

9 782019 687175